SITUACIÓN DE APRENDIZAJE:
descubriendo a las emprendedoras de nuestro entorno

SITUACIÓN DE APRENDIZAJE:
descubriendo a las emprendedoras de nuestro entorno

MARÍA ÁNGELES TENOR PEÑA

UCOPress

Editorial Universidad de Córdoba

Situación de aprendizaje: descubriendo a las emprendedoras de nuestro entorno.– Córdoba: UCOPress. Editorial Universidad de Córdoba, 2025
17 x 24 cm, 88 pp., il. color.
THEMA: KJH

Autora: María Ángeles Tenor Peña

Esta obra ha recibido el IV Premio de Innovación Docente y Buenas Prácticas María Moliner, otorgado por la Cátedra de Estudios de las Mujeres Leonor de Guzmán y financiado por la Delegación de Igualdad de la Diputación de Córdoba.

ISBN: 978-84-9927-878-0
e-ISBN: 978-84-9927-879-7
DL: CO 660-2025

Esta editorial es miembro de la UNE, lo que garantiza la difusión y comercialización de sus publicaciones a nivel nacional e internacional.

Impresión: Gráficas La Paz

Impreso en papel ecológico

Impreso en España

ÍNDICE

1. Descripción del centro educativo y del alumnado

El IES Fidiana está ubicado en el barrio de Fidiana, entre la Avenida de Libia y el Barrio de Cañero, en Córdoba. En la actualidad, el centro tiene 28 unidades; trece unidades de Educación Secundaria Obligatoria, siente unidades de Bachillerato, dos de Formación Profesional Básica, tres unidades de Ciclo Formativo de Grado Medio, y tres unidades de Ciclo Formativo de Grado Superior.

Según el Consejo Económico y Social de Córdoba, el barrio de Fidiana y sus zonas limítrofes, Cañero y Levante bajo, están clasificados como tipos de barrio medio-bajo, lo que supone una población heterogénea, pero con predominio de personas que trabajan como obreras especializadas y en la pequeña industria.

Centrándonos en el perfil del alumnado, este procede principalmente del Parque Fidiana, la zona de Cañero, Levante, Alcolea y Villaharta, donde no hay mucha población de otras nacionalidades, por lo que el número de alumnado inmigrante es muy escaso en el centro.

Concretamente, el alumnado al que se ha dirigido la Situación de Aprendizaje que se presenta en este libro es un grupo de 1º de bachillerato de Ciencias Sociales, que cursa la materia de Cultura Emprendedora. Son un total de 13 alumnos y 14 alumnas, entre los que la convivencia es relativamente buena, y que destacan por ser inquietos, curiosos y críticos. Esta actividad se presentó como un reto a través del que han ido demostrando su capacidad de trabajo en grupo, y de progreso en cuanto a las relaciones establecidas entre unos/as compañeros/as y otros/as.

2. Ficha de la experiencia educativa llevada a cabo

Título de la experiencia educativa:

Descubriendo a las emprendedoras de nuestro entorno.

Grupo y número de estudiantes con los que se ha llevado a cabo:

Ha sido una Situación de Aprendizaje dirigida al alumnado de la materia de Cultura Emprendedora, impartida en 1º de Bachillerato de Ciencias Sociales. En total, cursada por 27 alumnos y alumnas. Además, se hizo partícipes de uno de los productos finales (la Semana de las Emprendedoras, que se explicará en los siguientes apartados) al alumnado de dos grupos de 4º de ESO, que cursan materias relacionadas con la Economía y el emprendimiento.

Recursos educativos utilizados:

Google Classroom: hemos utilizado un grupo de Google Classroom, en el que se creó un apartado específico para esta Situación de Aprendizaje. Con este recurso se le facilitaba al alumnado los contenidos sobre los que íbamos a trabajar en cada una de las fases del proyecto; la información sobre los productos que debían ir entregando, y las fechas en las que tenían que hacerlo. También ha sido una herramienta con la que la docente ha ido dando seguimiento al trabajo del

alumnado, procediendo a evaluarlos. A continuación, se expone una imagen.

"**Anuario Económico de Córdoba 2022.** Los desequilibrios económicos, urbanísticos y de acceso a los servicios". Se trata de una publicación de la Universidad Loyola, de marzo de 2023, de la que nos hemos servido para el análisis del entorno económico de Córdoba. Hemos tenido acceso a él a través de una colega de esta universidad, pues no hay publicación web del mismo.

Econosublime (www.econosublime.com), de Javier Martínez Argudo. Se trata de un portal web que recoge contenidos para todas las materias del área de Economía actualizados según la LOMLOE. Concretamente, se han incorporado contenidos de este portal web a las distintas sesiones, para que sirvieran de base al alumnado con respecto a lo que se les iba solicitando en cada una de las fases. En el siguiente enlace se accede a los materiales relacionados específicamente con la materia de Cultura emprendedora: https://www.econosublime.com/2023/11/situacion-de-aprendizaje-4-analizando.html.

Equipo informático de aula y proyector: para ir explicando los contenidos al alumnado, y para la exposición por su parte de los trabajos que iban realizando y que requerían ser expuestos en clase.

Equipos informáticos individuales: trabajábamos por grupo, y teníamos reservados portátiles del instituto en las horas de nuestra materia, de forma que el alumnado pudiera utilizarlos para realizar su proyecto. Se muestra a continuación la reserva que hemos tenido de forma permanente de dichos equipos.

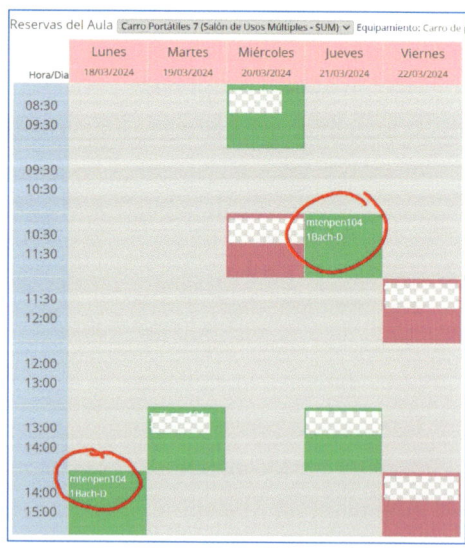

Sala de Usos Múltiples del instituto y equipo audiovisual de la misma: se hizo uso de este espacio del instituto y de su equipamiento para la Semana de las Emprendedoras. Se trata de un salón de actos en el que las empresarias y/o emprendedoras que nos visitaron expusieron su experiencia al alumnado participante.

3. Profesorado participante

María Ángeles Tenor Peña, profesora de Economía del IES Fidiana. Imparte docencia en el presente curso en 1º y 2º de Bachillerato, en las materias de Economía, Cultura Emprendedora y Empresa y Diseño de Modelos de Negocio. Ha diseñado esta Situación de Aprendizaje completa, y ha sido la que se ha encargado de establecer los ritmos de enseñanza-aprendizaje, además de las relaciones con las distintas empresas que han intervenido.

María del Mar Arjona Jurado, profesora de Economía del IES Fidiana, Imparte docencia en 4º de ESO y ciclo de Grado Medio. Su participación ha sido a través de la asistencia a las charlas de las empresarias y/o emprendedoras de su alumnado de 4º de ESO durante la Semana de las Emprendedoras.

Manuela Arroyo Ruíz, responsable del Departamento de Igualdad del IES Fidiana, enmarcándose la Semana de las Emprendedoras como una de las actividades promovidas en el centro por el Día de la Mujer (8 de marzo).

4. Duración de la experiencia educativa

La actividad que se presenta en este documento comenzó el 8 de enero de 2023 y concluyó el 18 de marzo. A continuación, se expone el calendario contemplado en cuanto a las sesiones. En rosa aparecen resaltados los días en los que tenemos sesiones de Cultura Emprendedora.

Tabla 1. Calendario de sesiones

LUNES	MARTES	MIÉRCOLES	JUEVES	VIERNES	SÁBADO	DOMINGO
ENERO						
1	2	3	4	5	6	7
8	9	10	11	12	13	14
15	16	17	18	19	20	21
22	23	24	25	26	27	28
29	30	31				
FEBRERO						
			1	2	3	4
5	6	7	8	9	10	11
12	13	14	15	16	17	18
19	20	21	22	23	24	25
26	27	28	29			
MARZO						
				1	2	3
4	5	6	7	8	9	10
11	12	13	14	15	16	17
18	19	20	21	22	23	24
25	26	27	28	29	30	31

Nota: Visitas de empresas: "Semana de las emprendedoras" (11-15 marzo).

5. Descripción de la experiencia educativa

5.1. Justificación

La falta de referentes femeninos, en lo que a emprendimiento y el mundo empresarial se refiere, hace interesante que el objetivo de este proyecto sea darles visibilidad, centrándonos en conocer a las del entorno cercano de los alumnos y las alumnas implicados. Concretamente, el alumnado estudiará las características del entorno económico y empresarial de Córdoba, para posteriormente centrarse en el papel del emprendimiento femenino.

Y es que, según Oliveras *et al.* (2021), la perspectiva de género está presente de manera anecdótica en los contenidos académicos, y tanto los referentes bibliográficos como las figuras de poder son principalmente autores hombres, perpetuando la imagen de que el conocimiento reside en la figura masculina. Por esto, es interesante dar visibilidad a la labor empresarial femenina, aprovechando la relación del emprendimiento con los contenidos de la materia de Cultura Emprendedora, y la celebración del Día Internacional de la Mujer el 8 de marzo, que se tiene en cuenta para la Situación de Aprendizaje.

5.2. Contenidos y objetivos curriculares

La Situación de Aprendizaje que se describe en el presente documento se encuadra dentro de la materia de Cultura Emprendedora de 1º de Bachillerato. En el cuadro que se muestra a continuación, se incluyen las actividades que se contemplan en esta experiencia de enseñanza-aprendizaje y su relación con los saberes básicos a los que corresponde, de acuerdo con la Ley Orgánica 3/2020 de 29 de diciembre (LOMLOE).

SEGUNDA EVALUACIÓN		
SITUACIONES DE APRENDIZAJE	**ACTIVIDADES**	**Saberes básicos**
S. A. 2: DESCUBRIENDO A LAS EMPRENDEDORAS Y EMPRESARIAS DE MI ENTORNO	Plantilla inicial: elaboración de grupos con test de cualidades emprendedoras.	CEE.1.A.1. Las personas emprendedoras. CEE.1.A.2. Proyectos emprendedores, empresariales y sociales que transformaron su entorno. CEE.1.A.3. Autonomía y autoconocimiento. CEE.1.A.4. Técnicas de búsqueda de empleo. Autoempleo y emprendimiento. CEE.1.A.5. Liderazgo personal y organizacional. CEE.1.A.6. Innovación personal, empresarial y social. CEE.1.B.1. Estudio del entorno y detección de necesidades. CEE.1.B.2. Una visión de conjunto: las fases del proyecto, objetivos y sus tareas principales. Cronogramas y otros recursos. CEE.1.B.3. Las dimensiones empresariales y sociales del proyecto. CEE.1.B.4. Análisis de los clientes o usuarios potenciales. CEE.1.B.5. Productos y servicios innovadores para crear valor. CEE.1.B.6. Técnicas de visualización del proyecto. CEE.1.D.4. Análisis del impacto en el entorno: diseño y aplicación de matrices de responsabilidad social. CEE.1.D.5. Difusión del proyecto: páginas web y redes sociales.
	Plantilla 1: análisis de nuestro entorno empresarial.	
	Plantilla 2: selección de tres empresas.	
	Plantilla 3: selección de la empresaria/ emprendedora.	
	Plantilla 4: reunión virtual con emprendedora/ empresaria.	
	Plantilla 5: análisis, dificultades, DAFO del equipo y coevaluación.	
	Entrega (producto final parte I): *visual thinking* de la emprendedora, y exposición en clase.	
	Producto final parte II: semana de las emprendedoras	
	Plantilla 6: diseño de cartel promocional de la Semana de las Emprendedoras.	

Además de conocer el entorno económico que nos rodea y de dar visibilidad al emprendimiento femenino, otros objetivos que se pretenden conseguir con este proyecto son:

1. Promover el desarrollo de las cualidades personales relacionadas con el espíritu emprendedor, tales como: la creatividad, la iniciativa, la asunción de riesgos y la responsabilidad.

2. Aportar un conocimiento del mundo empresarial y un contacto con él.

3. Ayudar a entender el papel del empresariado –concretamente de las empresarias– en la comunidad.

4. Conseguir un aprendizaje significativo y lograr el desarrollo de la aplicación de lo que se sabe desde diferentes áreas del conocimiento, teniendo en cuenta las aportaciones que se harán mutuamente los integrantes de los distintos grupos, así como las de las empresarias que muestren su actividad.

5.3. Descripción del proceso realizado y de las actividades llevadas a cabo

Se ha realizado una planificación semanal del trabajo atribuido al segundo trimestre del curso 2023-2024. Para ello, los alumnos y las alumnas se dividieron en grupos de cuatro-cinco integrantes, contando finalmente con seis pequeños grupos. Cada equipo debía desarrollar un proyecto siguiendo una misma metodología, pero trabajando con una empresaria/emprendedora diferente, obteniendo así resultados distintos.

A continuación, se describe cada una de las actividades, teniendo en cuenta que se sigue la secuenciación establecida en el calendario inicial:

PLANTILLA INICIAL:
elaboración de grupos con el
"test sobre las habilidades emprendedoras"

El objetivo es formar grupos de trabajo heterogéneos, en los que se cuente con integrantes que destaquen en distintas habilidades y puedan aprovecharlas de forma conjunta. Se pretende también evitar la formación de grupos por amiguismo, y fomentar nuevas relaciones de trabajo dentro del aula.

Para ello, se reparte a cada alumno/a una plantilla como la que se muestra en la siguiente página, y se les dan unos minutos para que la rellenen. Posteriormente, la docente la recoge, sumando los puntos y clasificando a los y las estudiantes en función de las cualidades en las que destacan. Por último, la docente formará los grupos teniendo en cuenta estas puntuaciones con la finalidad de que cada grupo cuente, al menos, con un miembro que destaque en cada una de las habilidades.

NOMBRE ALUMNO/A: _____

CATEGORÍA 1: HABILIDADES PERSONALES	Nunca	A veces	Casi siempre	Siempre
l. ¿Eres persistente y tienes la capacidad de superar obstáculos?				
2. ¿Tomas decisiones con facilidad?				
3. ¿Te consideras una persona organizada y disciplinada?				
4. ¿Tienes confianza en que lograrás lo que te propones?				
5. ¿Te recuperas pronto de tus fracasos?				
PUNTUACIÓN TOTAL				
CATEGORÍA 2: HABILIDADES SOCIALES	Nunca	A veces	Casi siempre	Siempre
l. ¿Eres capaz de comunicarte eficazmente con diferentes tipos de personas?				
2. ¿Eres un buen oyente y eres capaz de poner en práctica lo que aprendes?				
3. ¿Te sientes cómodo en situaciones sociales?				
4. ¿Eres un buen negociador y sabes cómo persuadir a los demás?				
5. ¿Eres capaz de trabajar en equipo y liderar grupos?				
PUNTUACIÓN TOTAL				
CATEGORÍA 3: HABILIDADES EMOCIONALES	Nunca	A veces	Casi siempre	Siempre
l. ¿ Eres capaz de controlar tus emociones y manejar el estrés o la rabia?				
2. ¿Eres capaz de ponerte en el lugar de los demás y entender su punto de vista?				
3. ¿Eres capaz de aceptar la crítica constructiva?				
4. ¿Eres capaz de mantenerte motivado mucho tiempo?				
5. ¿Eres capaz de hacer valer tu punto vista sin herir los sentimientos de los demás?				
PUNTUACIÓN TOTAL				
CATEGORÍA 3: HABILIDADES CREATIVAS	Nunca	A veces	Casi siempre	Siempre
l. ¿Eres capaz de encontrar soluciones creativas a tus problemas?				
2. ¿Estas abierto a nuevas experiencias y a romper con la rutina?				
3. ¿Se te ocurren algunos productos nuevos que podrían crear las empresas?				
4. ¿Te gusta viajar a nuevos lugares, escuchar varios tipos de música o ver series de todo tipo?				
5. ¿Propones nuevos planes alternativos para ti y para tus amigos?				
PUNTUACIÓN TOTAL				

PLANTILLA 1:
análisis de nuestro entorno empresarial

El objetivo de esta actividad es que los alumnos y las alumnas realicen un análisis del entorno económico y empresarial que les rodea, es decir, de la actividad económica de Córdoba. Para ello, comienzan con un análisis socioeconómico de Córdoba y, tras realizarlo, deberán hacer un estudio del entorno a nivel general, por lo que se pide que realicen un análisis PEST.

Para esta actividad se dedican dos sesiones: en la primera se expone lo que tendrán que hacer y se les explica los contenidos necesarios que deberán tener en cuenta para hacerlo. En esta primera sesión empiezan a responder a las preguntas de la plantilla, y terminarán de hacerlo en una segunda sesión.

Las cuestiones que tienen que responder son las siguientes:

1. Análisis socioeconómico de Córdoba:

    a. Población mayor de edad y población activa de Córdoba (total, porcentaje de mujeres y porcentaje de hombres). *Es importante indicar la fecha de los datos que se aporten y la fuente de los mismos.*

    b. Actividad económica de Córdoba: total de empresas y las tres principales actividades económicas de las empresas de Córdoba, indicando a qué sector económico pertenecen (primario, secundario, terciario). *Es importante indicar la fecha de los datos que se aporten y la fuente de los mismos.*

    c. PIB per cápita de España y de Córdoba: comparación y análisis de la posición de nuestra ciudad en el contexto nacional. la posición de nuestra ciudad con respecto a los datos nacionales.

2. Realizar un análisis PEST actualizado de los factores del entorno general que afectan a las empresas de Córdoba indicando las fechas de los datos. Hay que indicar, al menos, dos aspectos de cada uno de los factores. A continuación, se indican contenidos y apuntes que os serán de utilidad.

Los contenidos que les explico son los siguientes:

Contenidos y apuntes introductorios

➢ Estudio de mercado: herramienta para conocer las opiniones, gustos o hábitos de un segmento de mercado, ya sea sobre algún producto o servicio.

➢ Es interesante conocer el mercado en el que las empresas que vamos a analizar se posicionan, para ver la respuesta de dicho mercado ante el producto o servicio que la empresa en cuestión ofrece. De hecho, toda empresa debe analizarlo antes de emprender su negocio.

➢ En esta primera plantilla, analizaremos el entorno general de las empresas cordobesas gestionadas o dirigidas por empresarias, ya que el objetivo es conocer la importancia del emprendimiento femenino en nuestra ciudad).

➢ El entorno es todo aquello que rodea a la empresa y, por tanto, le afecta.

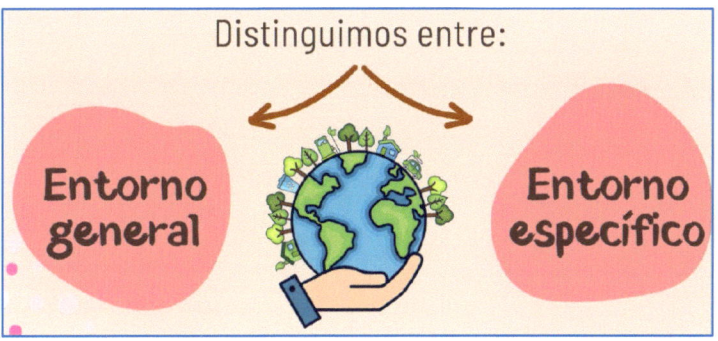

Entorno general: engloba a factores que afectan por igual a todas las empresas de una determinada región. Es el que analizaremos en este punto, ya que afectan a todas las empresas, independientemente de la que luego elijamos para conocerla mejor.

Hay que tener en cuenta que elegiremos empresas dirigidas/gestionadas por mujeres, por lo que sería interesante considerarlo al analizar el entorno general.

Nota: Los contenidos han sido extraídos de *www.econosublime.es*.

A continuación, se muestra parte de la plantilla 1 completada por uno de los grupos, entregada a través de *Google Classroom*, y con anotaciones realizadas por la docente. Esta se puede ver con más detalle en el apartado 5:

PLANTILLA 1: ANÁLISIS DE NUESTRO ENTORNO EMPRESARIAL

1. Análisis socioeconómico de Córdoba:
    a. Población mayor de edad y población activa de Córdoba (total, porcentaje de mujeres, y porcentaje de hombres). *Es importante indicar la fecha de los datos que se aporten y la fuente de los mismos.*

La población mayor de edad en Córdoba es de 16 años de edad.

En enero de 2022, Córdoba contaba con 319.515 habitantes, de los cuales, 153.368 eran hombres y 166.147 eran mujeres. De los cuales el 80,3% aproximadamente eran mayores de edad. La población activa era de 169.500 mujeres y 188.700 hombres con un porcentaje del 80,46%.

La fuente que nos ha facilitado esta información es JUNTA DE ANDALUCÍA
(https://www.juntadeandalucia.es/institutodeestadisticaycartografia/sima/ficha.htm?mun=14021)

    b. Actividad económica de Córdoba (total de empresas, y las tres principales actividades económicas de las empresas de Córdoba, indicando a qué sector económico pertenecen -primario, secundario, terciario-). *Es importante indicar la fecha de los datos que se aporten y la fuente de los mismos.*

El total de empresas en Córdoba en el último año fueron un total de 1137, con un porcentaje de 6,5% en Andalucía

Agroindustria y Agricultura:
Sector: Primario
Ejemplos de actividades económicas: Producción de cereales, oleaginosas, ganadería, viticultura, producción de alimentos procesados, etc.
Turismo y Hostelería:
Sector: Servicios
Ejemplos de actividades económicas: Hoteles, restaurantes, agencias de viajes, servicios turísticos, entretenimiento, etc.
Industria Automotriz y Metalmecánica:
Sector: Secundario
Ejemplos de actividades económicas: Fabricación de piezas automotrices, maquinaria agrícola, equipos industriales, metalurgia, etc.

https://www.eldiadecordoba.es/cordoba/registra-nuevas-empresas-primeros-meses_0_1834318089.html

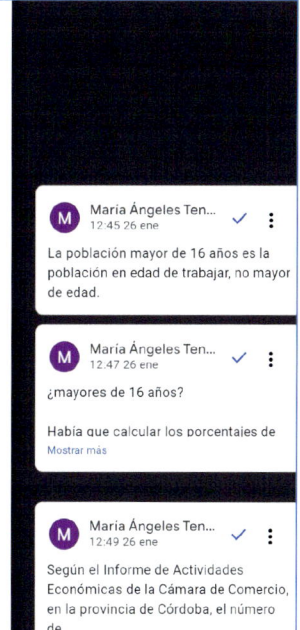

M María Ángeles Ten...
12:45 26 ene

La población mayor de 16 años es la población en edad de trabajar, no mayor de edad.

M María Ángeles Ten...
12:47 26 ene

¿mayores de 16 años?

Había que calcular los porcentajes de
Mostrar más

M María Ángeles Ten...
12:49 26 ene

Según el Informe de Actividades Económicas de la Cámara de Comercio, en la provincia de Córdoba, el número de

PLANTILLA 2:
selección de tres empresas de nuestro entorno

Uno de los objetivos de este proyecto es conocer y darles visibilidad a las emprendedoras y/o empresarias de nuestra ciudad, coincidiendo con que el 8 de marzo se celebra el Día Internacional de la Mujer (anteriormente denominado Día Internacional de la Mujer Trabajadora), además de la adquisición de los saberes básicos correspondientes a la materia de Cultura Emprendedora por parte del alumnado.

Por este motivo, cada grupo seleccionará tres empresas cordobesas que hayan sido iniciadas por emprendedoras o que estén gestionadas por empresarias, y responderán a las siguientes cuestiones:

Nombre de las tres empresas.

Actividad principal de las tres empresas seleccionadas (breve descripción del problema o necesidad que detectaron en el mercado y decidieron abordar con su emprendimiento, así como el sector al que pertenecen.

Datos de contacto de las empresas (ubicación, redes sociales, etc.).

Una fotografía de la empresa (basta con una foto de la fachada o de la actividad de la empresa en la web donde aparezca su nombre/logo y alguno de sus productos/servicios).

Justificación de la elección de las empresas, y opinión sobre la relevancia de su actividad en el entorno en el que se encuentran.

A continuación, se muestra la plantilla 2 completada por uno de los grupos con algunas anotaciones hechas por la docente. Esta se puede ver con más detalle en el apartado 5:

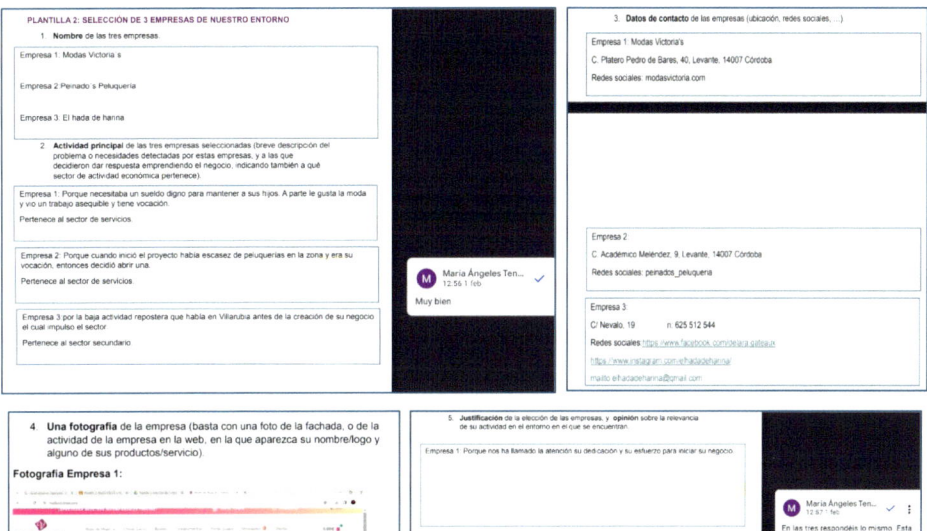

PLANTILLA 3:
selección de empresaria/emprendedora.
Justificación y análisis.

En la siguiente semana del proyecto, ya con conocimientos sobre el entorno económico general de Córdoba y habiendo seleccionado tres empresas[1] sobre las que cada grupo se plantea trabajar, se pide que elijan finalmente a una. Elegida la empresa que será objeto de análisis, y con la que trabajarán en las siguientes sesiones, deben contestar una serie de cuestiones, además de analizar su entorno específico.

Para ello, se empleará parte de una de las sesiones en explicarles qué se pedirá en esta plantilla, así como los contenidos que deben conocer para completarla: se les explica conceptos como propuesta de valor, ventaja competitiva, competencia, análisis de las cinco fuerzas competitivas de Porter y análisis DAFO. Nuestro trabajo se basa en los contenidos de la materia facilitados por la web Econosublime.

En la plantilla 3 deben contestar a lo siguiente:

1. Nombre de la empresa seleccionada y actividad principal.

2. Definición detallada del problema al que da respuesta la empresa (explicamos la situación o la carencia que la empresa tuvo que detectar y por la que decidió emprender su actividad).

3. Descripción de la propuesta de valor: ventaja competitiva de la empresa (qué diferencia a la empresa de sus competidores; qué hace que sus clientes la prefieran frente a las demás).

4. Análisis del entorno específico de la empresa seleccionada: realizar un análisis de las cinco fuerzas competitivas de Porter sobre la empresa seleccionada, indicando si en cada caso la fuerza es baja, media o alta. Para ello, tenéis contenidos/apuntes a continuación, y un ejemplo que os servirá de ayuda.

5. Realizar un Análisis DAFO de la empresa. A continuación, tenéis un ejemplo de Análisis DAFO, que os servirá de ayuda.

---

[1]   Debe tenerse en cuenta que a la hora de seleccionar las empresas no se impuso ningún tipo de filtro, lo que llevó a que las seleccionadas por el alumnado estuvieran relacionadas con trabajos generalmente feminizados. En este sentido, se propone establecer como requisito que los grupos de trabajo tengan que buscar empresas en sectores más masculinizados, en los que las emprendedoras también rompan estereotipos.

Contenidos y apuntes a tener en cuenta para la plantilla 3

El entorno específico son los factores más cercanos que influyen en un conjunto de empresas que tengan unas características comunes o estén en un mismo sector.

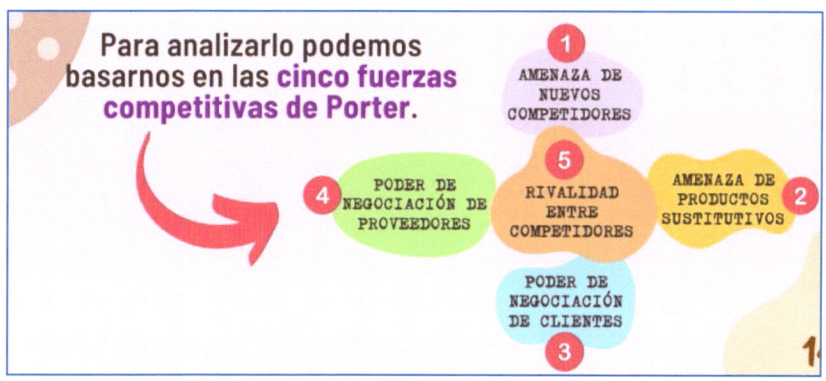

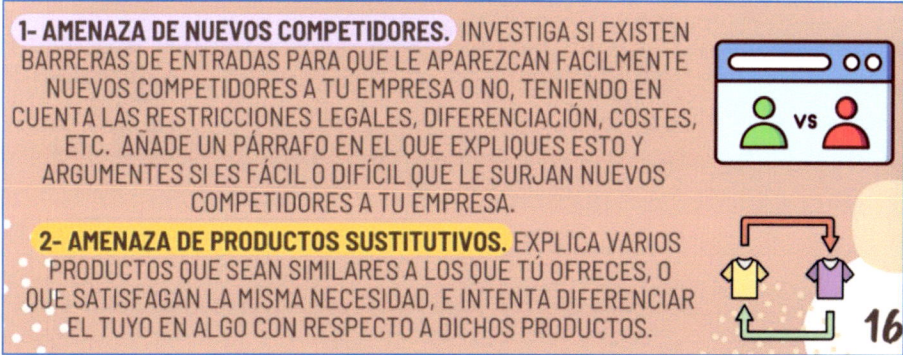

3. PODER DE NEGOCIACIÓN DE CLIENTES. ANALIZA A TUS POSIBLES CLIENTES PARA PODER CONCLUIR SU PODER DE NEGOCIACIÓN (SÍRVETE DE LA ANTERIOR ENCUESTA REALIZADA). PARA ANALIZAR SU PODER DE NEGOCIACIÓN, VALORA SI CREES QUE VAS A TENER MUCHOS O POCOS CLIENTES (PUES SI, POR EJEMPLO, TAN SOLO ESPERAS TENER 2 CLIENTES, AUNQUE ESTOS SEAN MUY IMPORTANTES Y TE COMPREN GRANDES CANTIDADES, TENDRÁN MUCHO PODER DE NEGOCIACIÓN, PUES NO LOS PODRÁS DEJAR ESCAPAR). TAMBIÉN TIENES QUE TENER EN CUENTA SI LOS CLIENTES TIENEN FACILIDADES PARA IRSE CON LA COMPETENCIA (PRODUCTOS SIMILARES, UBICACIÓN CERCANA...).

4. PODER DE NEGOCIACIÓN DE PROVEEDORES. ANALIZA A TUS POSIBLES PROVEEDORES PARA PODER CONCLUIR SU PODER DE NEGOCIACIÓN. PARA ELLO, INVESTIGA SI HAY MUCHOS O POCOS Y REALIZA UNA TABLA EN LA QUE COMPARES A, AL MENOS, 3 PROVEEDORES, VALORANDO SUS PRECIOS, CALIDADES, PLAZOS DE ENTREGA, ETC. CONCLUYE NUEVAMENTE INDICANDO SI EL PODER NEGOCIADOR DE LOS PROVEEDORES SERÁ BAJO, MEDIO O ALTO, Y JUSTIFÍCALO.

17

5. RIVALIDAD ENTRE COMPETIDORES. PARA TERMINAR EL ANÁLISIS DE PORTER REALIZA UNA TABLA EN LA QUE ANALICES Y COMPARES A TUS 4 PRINCIPALES COMPETIDORES, INDICANDO EL NOMBRE DE LA EMPRESA COMPETIDORA, EL BIEN O SERVICIO QUE OFRECES SIMILAR AL SUYO, SU UBICACIÓN, QUÉ PUNTOS FUERTES TIENE Y QUÉ PUNTOS DÉBILES TIENE FRENTE A TU EMPRESA, ASÍ COMO EL PRECIO DE LOS BIENES O SERVICIOS QUE OFREZCA SIMILARES AL TUYO.

TEN EN CUENTA QUE DICHOS COMPETIDORES PUEDEN SER DIRECTOS O INDIRECTOS (POR EJEMPLO, UN COMPETIDOR DIRECTO DE COCA-COLA SERÍA PEPSI, YA QUE EL PRODUCTO QUE VENDE ES MUY SIMILAR, Y UN COMPETIDOR INDIRECTO PODRÍA SER CUALQUIER BOTELLA DE AGUA, PUES TAMBIÉN ES UNA BEBIDA Y SATISFACE LA NECESIDAD DE CALMAR LA SED, PERO NO ES TAN SIMILAR A COCA-COLA, POR LO QUE ES COMPETENCIA INDIRECTA). PUEDES AÑADIR COLUMNAS EXTRA A ESTA TABLA CONSIDERANDO ASPECTOS QUE TE RESULTEN RELEVANTES ANALIZAR.

1

EJEMPLO: Análisis Porter de una empresa española que ha creado un smartphone de última generación que destaca por la gran precisión y calidad de su cámara.

Poder de negociación de los proveedores. Existen varios proveedores de componentes clave, como Sony, Sharp o Leica, que fabrican los sensores de cámaras y los chips, y que tienen un poder de negociación medio debido a la importancia de sus productos. Sin embargo, la diversificación de proveedores y la capacidad de la empresa para mantener relaciones estratégicas pueden mitigar este riesgo. Además, la escala de producción del smartphone puede proporcionar cierto poder de negociación a la empresa. *Aquí tendríamos que añadir la tabla que se solicita.

Amenaza de nuevos competidores. La industria de los smartphones es conocida por tener barreras de entrada significativas. Desarrollar tecnologías de cámara avanzadas, establecer relaciones con proveedores de componentes clave y construir una marca sólida son tareas complejas y costosas. Además hay marcas como Apple o Samsung ya muy diferenciadas. Esto crea un entorno en el que la amenaza de nuevos competidores es baja.

Rivalidad entre competidores. La competencia en la industria de smartphones es alta. Numerosas empresas, tanto a nivel nacional como internacional, compiten por la cuota de mercado. La diferenciación a través de la calidad de la cámara puede ser una ventaja, pero la rápida evolución tecnológica y las estrategias agresivas de marketing hacen que la rivalidad sea alta. La empresa debe mantenerse ágil e innovadora. *Aquí tendríamos que añadir la tabla que se solicita.

Poder de negociación de los clientes. Los consumidores de smartphones, aunque son numerosos, tienen una amplia variedad de opciones y pueden cambiar fácilmente entre marcas. El poder de negociación de los clientes, por tanto, es alto, especialmente porque competimos contra otras marcas que ofrecen productos de gran calidad. La calidad de la cámara puede ser un diferenciador clave, pero la empresa debe estar atenta a las expectativas del consumidor y la competencia.

Amenaza de productos sustitutivos. Aunque los smartphones son dispositivos multifuncionales, existen productos o servicios que pueden sustituir algunas de sus funciones. Por ejemplo, las cámaras de fotos independientes o los relojes inteligentes. Sin embargo, la versatilidad y conveniencia de un smartphone de última generación pueden mitigar esta amenaza, ya que incorpora múltiples funciones en un único dispositivo. Por tanto, podríamos decir que la amenaza de productos sustitutivos en media-baja.

19

EJEMPLO: Análisis DAFO de una empresa española que ha creado un smartphone de última generación que destaca por la gran precisión y calidad de su cámara.

DEBILIDADES
· La empresa es nueva, por lo que la marca aún no es reconocida.
· Dependemos en gran medida de proveedores específicos, pues no somos capaces de generar todos los componentes que necesitamos.
· Ahora mismo estamos centrados en un único producto, por lo que nos jugamos todo a una sola carta.

AMENAZAS
· Existen fuertes empresas que fabrican productos similares y están más consolidadas en el mercado.
· La tecnología avanza a una velocidad vertiginosa, existiendo el riesgo de que nuestra tecnología se quede atrás en relativamente poco tiempo.
· Cada vez se producen más ataque cibernéticos.

FORTALEZAS
· La empresa cuenta con una tecnología de cámara de última generación, lo que le proporciona una ventaja competitiva en el mercado.
· Que la empresa sea española puede ser una fortaleza, pues se promueve el empleo a nivel nacional y se reduce la contaminación del transporte.
· Destacamos por nuestra gran calidad.

OPORTUNIDADES
· Las tendencias del mercado apuntan a cada vez una mayor venta de smartphones.
· Cada vez es más sencilla la expansión empresarial a nivel internacional.
· Actualmente hay múltiples formas de hacer publicidad, algunas muchos más baratas que los tradicionales anuncios de televisión.

A continuación, se presenta un ejemplo de la plantilla completada por uno de los grupos. Esta se puede ver con más detalle en el apartado 5:

PLANTILLA 3: SELECCIÓN DE EMPRESARIA/EMPRENDEDORA. JUSTIFICACIÓN Y ANÁLISIS

1. **Nombre** de seleccionada, y actividad principal:

   Nombre de la empresa seleccionada: La flor de levante

   Actividad principal: Elaboración y venta de helados, batidos

2. Definición detallada del problema al que da respuesta la empresa *(explicamos el problema o la carencia que la empresa tuvo que detectar y por la que decidió emprender su actividad).*

   Problema/carencia detectada en su entorno, que impulsó a la empresa a iniciar su actividad:

   La flor de levante fue creada en 1934, por aquel entonces no había tantas heladerías como ahora así que ofreció a los habitantes un comercio diferente yendo por la ciudad con un carrito de helados y más tarde se trasladaron a un local, además de poder refrescar a los habitantes en los calurosos veranos de Córdoba.

3. Descripción de la propuesta de valor: ventaja competitiva de la empresa *(qué diferencia a la empresa de sus competidores; qué hace que sus clientes la prefieran frente a las demás).*

   La flor de levante cuenta con helados artesanos fabricados allí mismo y de muy buena calidad, además de su antigüedad que hace que los consumidores la prefieran y toda la dedicación que le ponen a su producto

4. Análisis del entorno específico de la empresa seleccionada: realizar un análisis de las 5 fuerzas competitivas de Porter sobre la empresa seleccionada, indicando si en cada caso la fuerza es baja, media o alta.

   El análisis de las cinco fuerzas competitivas de Porter proporciona una visión integral del entorno competitivo de una empresa. Vamos a aplicar este análisis a La Flor de Levante, una heladería en Córdoba.
   1. Poder de Negociación de los Proveedores (Alto):
      - Justificación: Si los proveedores de ingredientes únicos o especializados tienen un control significativo sobre La Flor de Levante y pueden imponer aumentos de precios o condiciones desfavorables, el poder de negociación de los proveedores podría ser alto.
   2. Poder de Negociación de los Clientes (Medio-Bajo):
      - Justificación: En general, el poder de negociación de los clientes en la industria de heladerías tiende a ser moderado. Sin embargo, si hay muchas opciones de heladerías en Córdoba, los clientes pueden tener más opciones para elegir, ejerciendo así cierto grado de poder.

3. Amenaza de Nuevos Competidores (Baja):
   - Justificación: La amenaza de nuevos competidores podría ser baja si La Flor de Levante ha establecido una sólida reputación, tiene lealtad de clientes y ha creado barreras de entrada, como recetas únicas, relaciones con proveedores, o una ubicación estratégica.
4. Amenaza de Productos Sustitutos (Media):
   - Justificación: La amenaza de productos sustitutos podría ser moderada si hay otras opciones de postres o delicias en Córdoba que podrían competir con los helados de La Flor de Levante. Sin embargo, si la heladería ofrece sabores únicos y experiencias gastronómicas específicas, la amenaza podría ser más baja.
5. Intensidad Competitiva entre Rivalidades Existentes (Media-Alta):
   - Justificación: La intensidad competitiva dependerá de la cantidad y fuerza de la competencia en el mercado local de heladerías. Si hay varias heladerías en la zona, la competencia podría ser alta, especialmente si ofrecen productos similares. Sin embargo, si La Flor de Levante se destaca con propuestas únicas, la intensidad podría ser más baja.

   En resumen, el análisis de las cinco fuerzas de Porter sugiere que La Flor de Levante podría enfrentar un poder de negociación moderado-bajo por parte de los clientes, una baja amenaza de nuevos competidores, una amenaza de productos sustitutos moderada y una intensidad competitiva media-alta. Este análisis proporciona información valiosa para que la heladería tome decisiones estratégicas y se mantenga competitiva en su entorno específico en Córdoba.

---

5. Análisis DAFO de la empresa.

   Debilidades: Dependencia Estacional:

   Las heladerías a menudo experimentan una demanda estacional, con picos durante los meses más cálidos. La dependencia de la temporada puede ser una debilidad si los ingresos son inconsistentes durante el año.

   Dependencia de Insumos:

   Si La Flor de Levante depende en gran medida de proveedores específicos para ingredientes clave, la interrupción en la cadena de suministro o cambios en los precios podrían ser debilidades

   Amenazas: Cambios en los Gustos y Preferencias del Consumidor:

   Los cambios en las preferencias del consumidor podrían representar una amenaza si La Flor de Levante no puede adaptarse rápidamente para ofrecer sabores y productos que se alineen con las tendencias actuales.

   Competencia Creciente:

   La entrada de nuevas heladerías en la zona podría aumentar la competencia y reducir la participación de mercado de La Flor de Levante.

   Fortalezas: Calidad y Variedad de Productos:

   Si La Flor de Levante se destaca por ofrecer helados de alta calidad, frescos y una

---

amplia variedad de sabores auténticos, esto podría ser una fortaleza que atraiga a clientes y construya una base de consumidores leales.

Ubicación Estratégica:

Si la heladería está ubicada en un lugar estratégico con alto tráfico de peatones o en una zona turística, esto podría ser una gran fortaleza, ya que facilita la atracción de clientes potenciales.

Experiencia del Cliente:

Oportunidades: Innovación en Sabores y Productos:

La introducción de nuevos sabores y productos innovadores puede ser una oportunidad para atraer a clientes que buscan experiencias únicas. Esto podría incluir colaboraciones con productores locales o la incorporación de ingredientes de temporada.

Canales de Distribución Adicionales:

Explorar la expansión de canales de distribución, como asociaciones con restaurantes, cafeterías o eventos locales, puede aumentar la visibilidad de La Flor de Levante y llegar a nuevos segmentos de clientes.

Marketing Digital y Redes Sociales:

Aprovechar las plataformas de marketing digital y redes sociales puede ser una oportunidad para aumentar la visibilidad de la heladería.

PLANTILLA 4:
reunión con la emprendedora y/o empresaria seleccionada. Encuesta y pódcast

En esta nueva semana de trabajo, cada grupo tendrá que reunirse con la empresaria/ emprendedora seleccionada para realizarle una entrevista y, posteriormente, publicarla en formato *pódcast*. Pero, antes de la reunión, se les explica que deben preparar la entrevista, realizar un cuestionario con el que recojan información con la que poder contestar a lo que se les pregunta en esta plantilla y planificar de qué forma grabarán la entrevista para posteriormente publicarla en el formato requerido. La docente explica también una serie de contenidos, ayudándose de www.econosublime.es, para que los alumnos y las alumnas tengan la base necesaria para trabajar.

Para la plantilla 4 se planifican dos semanas de trabajo y las preguntas que se incluyen son las siguientes:

1. Preparación de la reunión: exponer aquí cuándo y cómo se llevará a cabo (hay que tener en cuenta que debe ser durante la semana en la que se trabaja sobre esta plantilla). Hay que indicar quién la realiza, y quién será el encargado o la encargada de contactar con la empresa.

2. Aportar la información recogida en la reunión con la empresa, debiendo contestar a las siguientes cuestiones:

   a. ¿Cuál es el tamaño del mercado total del bien o servicio que ofrecen? (A esta pregunta podéis responder vosotros y vosotras, a partir de la información que os de la empresa, teniendo en cuenta la población de Córdoba. Os dejo también información a continuación con la que ayudaros a contestar).

   b. ¿Cuáles son los y las clientes meta de la empresa? (Para responder esta pregunta debéis saber que los clientes meta son clientes potenciales agrupados en segmentos. Os dejo contenidos a continuación con los que ayudaros a contestar).

   c. ¿Cuáles son los clientes reales de la empresa? (Los clientes que efectivamente compran en la empresa).

   d. ¿Qué criterios de segmentación utiliza la empresa? (Para responder a esta pregunta, debemo*s preguntar a la empresa cuáles son sus productos/servicios principales y a quién los orienta. A continuación, tenéis información con la que poder contestar a esta cuestión*).

e. ¿Qué objetivos tenía la empresa en sus inicios, a corto plazo? *(Indicar dos objetivos que la empresa se propuso conseguir durante el primer año de vida de la empresa, e indicar si los alcanzó).*

f. ¿Qué objetivos tiene la empresa a largo plazo? *(Indicar dos objetivos que la empresa se propone conseguir en los próximos cinco años).*

g. ¿Qué dificultades encontró al principio, cuando decidió llevar a cabo su idea de negocio? ¿Influyó el hecho de ser mujer?

h. Cuando decidió la actividad de su negocio y el sector económico en el que se integraría, ¿cree que influyó los mandatos de género?

i. ¿Recibió ayudas para poder emprender su negocio?, ¿cuáles? *(Debéis distinguir aquí entre objetivos cuantitativos y objetivos cualitativos. Se pueden seleccionar varios, e indicar si orienta su actividad a alcanzarlos. Dejo información con la que ayudaros a contestar).*

   – Maximizar el beneficio
   – Crecer
   – Minimizar costes
   – Aumentar el número de clientes
   – Supervivencia y estabilidad
   – Mejorar la imagen empresarial
   – Satisfacción de clientes y trabajadores
   – Responsabilidad Social Corporativa

j. ¿Qué políticas de RSC lleva a cabo la empresa? *(Se le preguntará a la empresa por su RSC, o por el comportamiento que implementa para tener repercusiones positivas en su entorno. Os dejo contenidos adicionales con los que responder a esta cuestión).*

k. Promoción de la empresa:
   – Foto de la reunión con la empresa.
   – Foto de los principales productos/servicios de la empresa, de su marca y de su establecimiento/negocio.
   – Formas de contacto con la empresa para los clientes *(localización, contacto por email o teléfono, página web y/o redes sociales, horario, etc.).*

Contenidos y apuntes a tener en cuenta para la plantilla 4

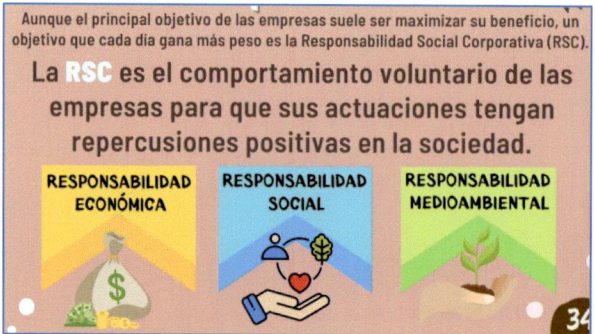

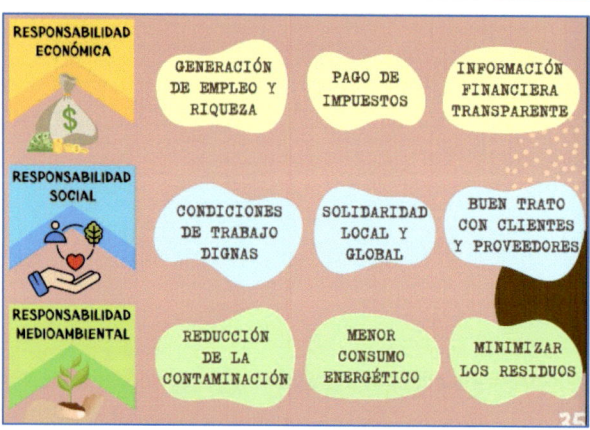

A continuación, se presenta la plantilla 4 completada por uno de los grupos. Esta se puede ver con más detalle en el apartado 5:

PLANTILLA 4: PLANTILLA 4: REUNIÓN PRESENCIAL/VIRTUAL CON EMPRESARIA/ EMPRENDEDORA. PODCAST

1. Preparación de la reunión (indicar aquí cuándo y cómo se llevará a cabo, durante la semana que tenemos para trabajar en esta plantilla. Hay que indicar quién la lleva a cabo, y quién será el encargado o la encargada de contactar con la empresa):

Cuándo se llevará a cabo: El día 20 de febrero de 2024 a las 17:40

Formato de la entrevista (presencial o virtual): Presencial

Encargado/a de contactar con la empresa: Irene Petidier Muñoz.

Encargado/a de entrevistar a la empresaria/emprendedora: Todos los miembros del equipo.

2. ¿Qué preguntaréis a la empresaria/emprendedora? Indicad a continuación las cuestiones que plantearéis, para dar respuesta a lo que se pide en esta plantilla.

Pregunta 1: ¿Cuáles son los clientes de la flor de levante 1934? ¿cómo definirías tus clientes?

Pregunta 2: ¿Cuáles son los clientes meta de la empresa?

Pregunta 3: ¿Cuáles son los clientes reales de la empresa?

Pregunta 4: ¿Qué criterios de segmentación utiliza la empresa? De qué forma divide la empresa el mercado a la hora de seleccionar a sus clientes (cuáles son sus productos/servicios principales y a quién los orienta.) Maximizar el beneficio, Crecer, Minimizar costes, Aumentar el número de clientes, Supervivencia y estabilidad, Mejorar la imagen empresarial, Satisfacción de clientes y trabajadores, Responsabilidad Social Corporativa.

Pregunta 5: ¿Qué objetivos tenía la empresa en sus inicios, a corto plazo? (indicar 2 objetivos que la empresa se propuso conseguir durante el primer año de vida de la empresa, e indicar si los alcanzó)

Pregunta 6: ¿Qué objetivos tiene la empresa a largo plazo? (indicar 2 objetivos que la empresa se propone conseguir en los próximos 5 años)

Pregunta 7: ¿Qué dificultades encontró al principio, cuando decidió llevar a cabo su idea de negocio? ¿Influyó el hecho de ser mujer?

Pregunta 8: ¿Recibió ayudas para poder emprender su negocio? ¿cuáles?

Pregunta 9: ¿Qué políticas de RSC lleva a cabo la empresa? (se le preguntará a la empresa por su RSC, o por el comportamiento que lleva a cabo para tener repercusiones positivas en su entorno)

(diseño de la entrevista)

3. Teniendo en cuenta la información recogida en la entrevista, que tendrá que ser grabada para publicarla como un Podcast (por ejemplo, en Youtube), responded a las siguientes cuestiones.

a. ¿Cuál es el tamaño del mercado total del bien o servicio que ofrecen? (a esta pregunta podéis responder vosotros, a partir de la información que os de la empresa, teniendo en cuenta la población de Córdoba. Os dejo también información a continuación con la que ayudaros a contestar)

Los clientes de la flor de levante abarcan todo tipo de edades desde el niño/a que puede consumir lácteos hasta mayores de 90 años.

b. ¿Cuáles son los clientes meta de la empresa? (para responder esta pregunta debéis saber que los clientes meta son clientes potenciales agrupados en segmentos. Os dejo contenidos a continuación con los que ayudaros a contestar).

Los clientes metas de la empresa son todos aquellos a los que les gusta el helado y sepan disfrutar de sus productos.

c. ¿Cuáles son los clientes reales de la empresa? (los clientes que efectivamente compran en la empresa).

Los clientes reales son un 90% de Córdoba y un 10% de fuera (extranjeros).

d. ¿Qué criterios de segmentación utiliza la empresa? (para responder a esta pregunta, debemos preguntar a la empresa cuáles son sus productos/servicios principales y a quién los orienta. A continuación tenéis información con la que poder contestar a esta cuestión)

La empresa se segmenta según el formato por ejemplo a los mayores les gusta más el helado (cucurucho) y a los menores les gusta más los que son batidos.

e. ¿Qué objetivos tenía la empresa en sus inicios, a corto plazo? (indicar 2 objetivos que la empresa se propuso conseguir durante el primer año de vida de la empresa, e indicar si los alcanzó)

La empresa fue creada en 1934 y por ello no sabe los objetivos iniciales de la empresa, por ello con el hecho de haber sobrevivido a la guerra civil cree que eso supera sus expectativas.

f. ¿Qué objetivos tiene la empresa a largo plazo? (indicar 2 objetivos que la empresa se propone conseguir en los próximos 5 años) (Debéis distinguir aquí entre objetivos cuantitativos y objetivos cualitativos. Se pueden seleccionar varios, e indicar si orienta su actividad a alcanzarlos. Dejo información con la que ayudaros a contestar)

A largo plazo la empresa tiene como objetivo estabilizarse ya que cuesta estabilizarse actualmente por la situación actual de la economía.

g. ¿Qué dificultades encontró al principio, cuando decidió llevar a cabo su idea de negocio? ¿Influyó el hecho de ser mujer?

Como dificultades no encontró por el hecho de ser mujer ya que viene de una familia llena de empresarios/as y esto lo lleva viviendo toda su vida.

h. ¿Recibió ayudas para poder emprender su negocio? ¿cuáles?

No recibió ayudas por ninguna parte.

i. ¿Qué políticas de RSC lleva a cabo la empresa? (se le preguntará a la empresa por su RSC, o por el comportamiento que lleva a cabo para tener repercusiones positivas en su entorno. Os dejo contenidos adicionales con los que responder a esta cuestión)

Las políticas de RSC son: vasos, cucharas y tarinas reciclables además del papel de las fundas de laos barquillos y un filtro de agua para gastar lo menos posible.

j. Promoción de la empresa

Foto de la reunión con la empresa.

Formas de contacto con la empresa para los clientes: localización, contacto por email o teléfono, página web y/o redes sociales, horario, etc.)

Dirección:
Pl. de las Tendillas, 2. Centro, 14002 Córdoba

Redes sociales:

Instagram:

La Flor de Levante 1934 (@laflordelevante1934)

En la siguiente tabla se muestran las empresas que finalmente eligieron cada uno de los grupos, y el enlace al *pódcast* que elaboraron:

Tabla 2

GRUPO	EMPRESA	ENLACE PÓDCAST
Grupo 1	**Peinado's** (peluquería)	https://youtu.be/ZKc5zec1ZfU
Grupo 2	**Cristina** Díaz (esteticista)	–
Grupo 3	¿Jugamos? (local celebraciones)	https://youtu. be/27sXWVJ97wg?si=9Qnxu87Nx4r1OD6-
Grupo 4	**Vetsicor** (hospital veterinario)	https://youtu.be/ mPcz6qUOJYw?si=SGhIN4tWzX_oiQ97
Grupo 5	**Ilussion** (decoración eventos)	https://classroom.google.com/u/1/g/tg/NjIzNzAy NTA2MTIx/NjYxNjk0NDQ4MDQ5#u= MTY3OTY1ODI1OTk2&t=f
Grupo 6	**La Flor de Levante 1934** (heladería)	https://youtu.be/ uZPmbtcOX_w?si=43jUrjs6tf7gCLUD

Se puede apreciar que las actividades económicas de las empresas seleccionadas por los equipos de trabajo pueden relacionarse con estereotipos de feminidad, y que sería interesante realizar un análisis al respecto con el alumnado. Así mismo, debería proponerse en futuras aplicaciones de esta Situación de Aprendizaje un filtro con el que se motive al alumnado a seleccionar empresarias y emprendedoras que desarrollen su actividad en sectores en los que rompan con este tipo de estereotipos.

PRODUCTO FINAL 1:
Visual Thinking y presentación en grupo

En esta nueva fase del proyecto, los grupos deben resumir la información trabajada en las plantillas anteriores y presentarlas en formato *visual thinking*. Una vez entregados, empezarán dos sesiones de exposiciones, en las que cada grupo expondrá su producto final 1.

Al alumnado se le explicó lo que debía hacer a partir de la información que se presenta a continuación:

Algunos de los *visual thinkings* realizados por las alumnas y los alumnos son los siguientes, y se puede ver con más detalle en el apartado 5:

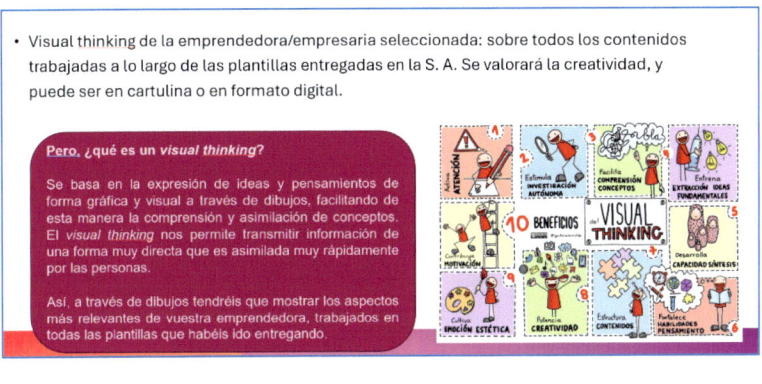

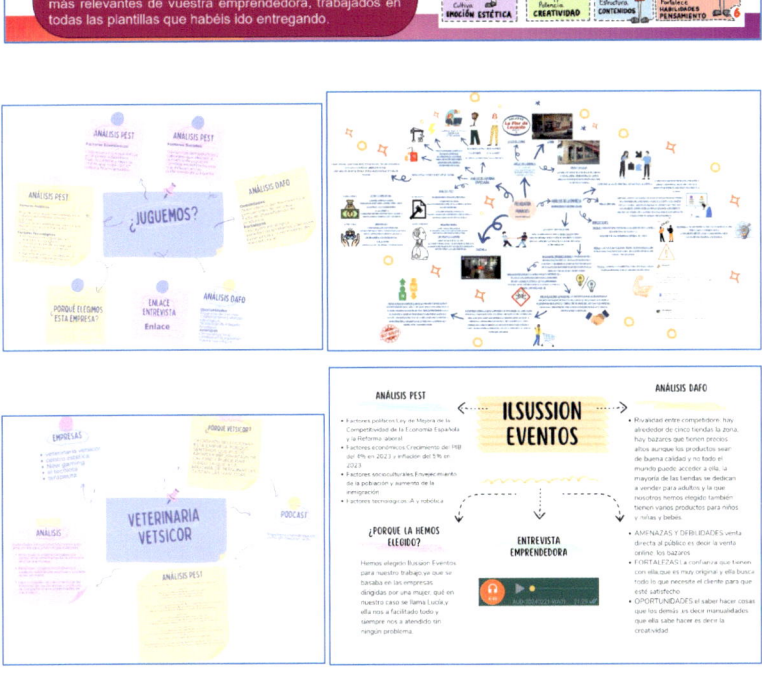

PLANTILLA 6:
diseño de cartel promocional

Es la plantilla 6 porque, cuando se diseñó este proyecto, se le dio ese orden; pero finalmente la llevamos a cabo antes de la platilla 5, ya que debía realizarse con antelación a la Semana de las Emprendedoras. Cada grupo hizo una propuesta de cartel promocional para la Semana de las Emprendedoras y, a través de un cuestionario de *Google*, realizaron una votación. El que se muestra en la imagen es el que finalmente salió elegido. Las demás propuestas se muestran en el apartado 5 de este documento.

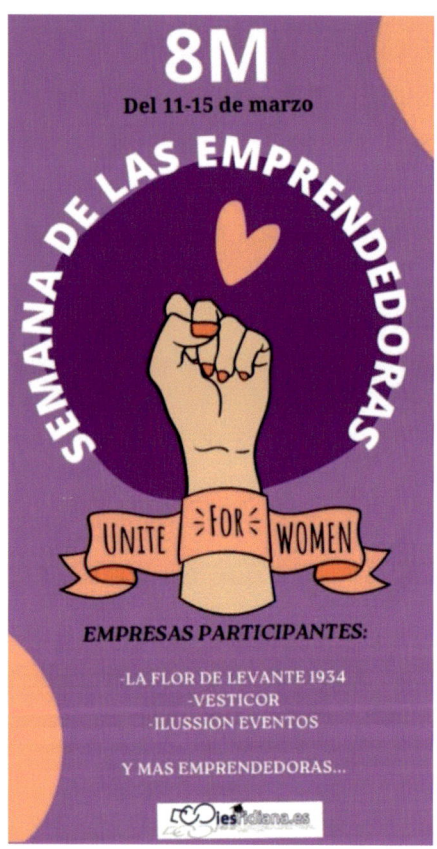

PRODUCTO FINAL 2:
semana de las emprendedoras

El segundo producto final de este proyecto es la organización de la semana de las Emprendedoras. Para ello, los alumnos y las alumnas han ido hablando con las empresas durante las semanas anteriores para ver qué día de esta semana pueden participar. El objetivo es que cada una de ellas participe en una de las sesiones que se proponen para los días 11, 12, 13, 14 y 15 de marzo. Su intervención será para contar su experiencia emprendedora, pudiendo orientarla en cada caso como mejor considere cada empresaria/emprendedora.

PRODUCTO FINAL II

- Semana de las emprendedoras. Organización de la intervención de la empresa en la **Semana de las Emprendedoras** (del 11 al 15 de marzo).

- En el caso de no conseguir que la emprendedora venga al instituto, será el grupo el que se encargue de exponer la información sobre la empresa en cuestión, e intentar contactar por videoconferencia con la empresaria.

Finalmente, las intervenciones fueron las siguientes:

– Lunes, 11 de marzo, de 14:00 h a 15:00 h: La Flor de Levante de 1934. La sesión se llevó a cabo en el salón de usos múltiples del IES Fidiana, con la asistencia como público de un grupo de 4º de ESO, además del alumnado del grupo que está trabajando en este proyecto (1º Bachillerato).

– Martes, 12 de marzo, de 12:00 h a 13:00 h: Vetsicor. La sesión también tuvo lugar en el SUM, y contamos con la asistencia como público de otro grupo de estudiantes de 4º de ESO.

– Miércoles, 13 de marzo, de 12:00 a 13:00: Ilussion Eventos. La sesión la llevamos a cabo en el aula de referencia de 1º de Bachillerato D.

– Jueves, 14 de marzo, de 9:30 a 10:30: ¿Jugamos? La sesión la desarrollamos también en el aula de referencia de 1º de Bachillerato D.

Estas sesiones tenían como objetivo transmitir al alumnado la relevancia del emprendimiento femenino, pero también reconocer la labor de estas mujeres. No solamente por su papel como empresarias y emprendedoras, sino por aceptar involucrarse en la actividad formativa objeto de esta Situación de Aprendizaje. Por lo tanto, los alumnos y las alumnas de cada grupo debían hacer una presentación de la persona que nos visitaba al comienzo de la intervención, y al finalizar debían entregarles un certificado de reconocimiento (como el que se muestra a continuación), además de un obsequio en nombre del IES Fidiana, que consistía en una bolsa de tela y una agenda del IES Fidiana.

En la siguiente imagen se muestra cómo es el certificado que se ha diseñado para reconocer la implicación de estas mujeres en nuestra experiencia formativa:

En las siguientes fotografías se muestran a las mujeres empresarias y emprendedoras recibiendo el diploma y el obsequio al final de sus intervenciones:

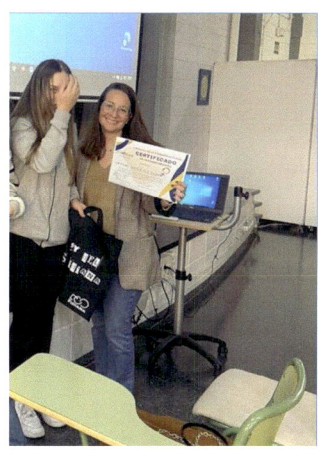

PLANTILLA 5:
evaluación del trabajo y análisis DAFO del grupo.
Coevaluación

Con esta plantilla se pretende que las y los discentes evalúen su forma de trabajar en grupo, su nivel de implicación, y qué debilidades, amenazas, fortalezas y oportunidades han encontrado a nivel grupal.

Adicionalmente, cada alumno y cada alumna tendrán que evaluar a cada uno/a de sus compañeros/as de grupo de forma individual a través de un formulario de *Google* creado para tal fin.

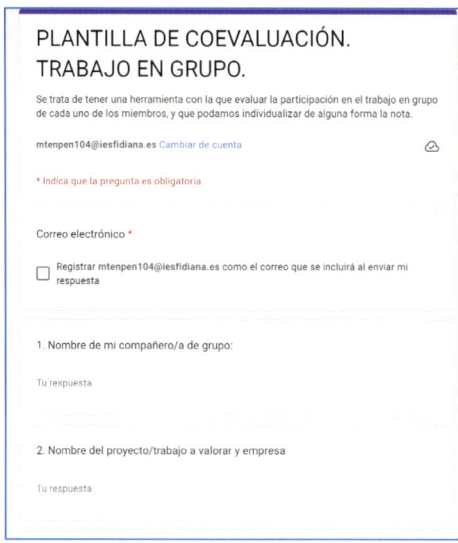

A continuación, se muestra la plantilla completada por uno de los grupos:

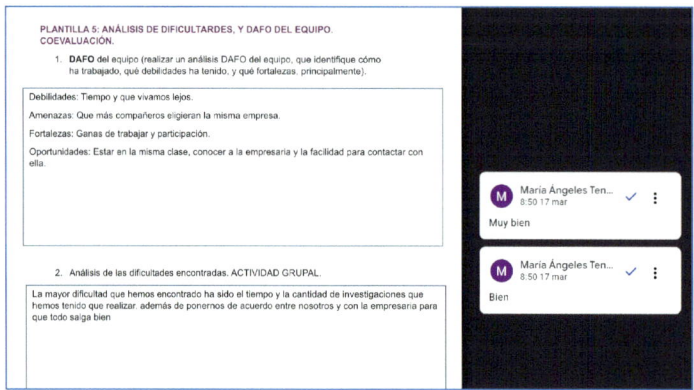

5.4. Enfoque metodológico. Incorporación de la perspectiva de género

Sin perjuicio de lo establecido en el artículo 6 del Real Decreto 243/2022, de 5 de abril, el currículo de la etapa de Bachillerato responderá a los siguientes principios:

a. La intervención educativa buscará desarrollar y asentar progresivamente las bases que faciliten al alumnado una adecuada adquisición de las competencias clave previstas en el perfil competencial al término de segundo curso de la etapa.

b. Desde las distintas materias de la etapa se favorecerá la integración y la utilización de las Tecnologías de la Información y la Comunicación.

c. Se trabajarán elementos curriculares relacionados con el desarrollo sostenible y el medio ambiente, el funcionamiento del medio físico y natural y la repercusión que sobre el mismo tienen las actividades humanas, el agotamiento de los recursos naturales, la superpoblación, la contaminación o el calentamiento de la Tierra, todo ello con objeto de fomentar la contribución activa en la defensa, conservación y mejora de nuestro entorno medioambiental como aspecto determinante de la calidad de vida, y como elemento central e integrado en el aprendizaje de las distintas disciplinas.

d. Las programaciones didácticas de todas las materias incluirán actividades y tareas para el desarrollo de la competencia en comunicación lingüística, incluyendo actividades que estimulen el interés y el hábito de la lectura, la práctica de la expresión escrita y la capacidad de expresarse correctamente en público.

e. En la organización de los estudios de la etapa, se prestará especial atención al alumnado con necesidades específicas de apoyo educativo. A estos efectos, se establecerán las alternativas organizativas y metodológicas para este alumnado. Para ello, se potenciará el Diseño Universal de Aprendizaje (DUA) para garantizar una efectiva educación inclusiva, permitiendo el acceso al currículo a todo el alumnado, presente o no necesidades específicas de apoyo educativo.

f. El patrimonio cultural y natural de nuestra comunidad, su historia, sus paisajes, su folklore, las distintas variedades de la modalidad lingüística andaluza, la diversidad de sus manifestaciones artísticas como el flamenco, la música, la literatura o la pintura (tanto tradicionales como actuales), además de las contribuciones de sus mujeres y hombres a la construcción del acervo cultural andaluz, formarán parte del desarrollo del currículo.

g. Atendiendo a lo recogido en el Capítulo I del Título II de la Ley 12/2007, de 26 de noviembre, para la promoción de la igualdad de género en Andalucía, se favorecerá la resolución pacífica de conflictos y modelos de convivencia basados en la diversidad, la tolerancia y el respeto a la igualdad de derechos y oportunidades de mujeres y hombres.

h. Con objeto de fomentar la integración de las competencias, se promoverá el aprendizaje por proyectos, centros de interés o estudios de casos, en los términos recogidos en el proyecto educativo de cada centro. También se fomentará la resolución colaborativa de problemas, reforzando la autoestima, la autonomía, la capacidad para aprender por sí mismo, la capacidad para trabajar en equipo, la capacidad para aplicar los métodos de investigación apropiados, la responsabilidad y el emprendimiento.

i. Se desarrollarán actividades para profundizar las habilidades y métodos de recopilación, sistematización, presentación de la información, aplicación de procesos de análisis, observación y experimentación, adecuados a las distintas materias, fomentando así, el enfoque interdisciplinar del aprendizaje por competencias con la realización por parte del alumnado de trabajos de investigación y de actividades integradas.

Partiendo de esto, y teniendo en cuenta que uno de los ámbitos de mayor preocupación para eliminar las desigualdades entre los géneros es el educativo (Sabanero, 2016), se aprovecha la oportunidad de celebrar el 8 de marzo, Día Internacional de la Mujer, para relacionar los contenidos y saberes básicos que se buscan alcanzar en la materia de Cultura Emprendedora de 1º de Bachillerato, diseñando este proyecto educativo con el que se pretende dar visibilidad al importante papel de las mujeres en la economía de nuestro entorno, la de Córdoba.

En este proyecto, el alumnado analiza las características de donde viven desde el punto de vista económico, para posteriormente investigar la actividad que mujeres emprendedoras y empresarias desarrollan en Córdoba. A través de las entrevistas, conocerán cómo comenzó la trayectoria empresarial de estas mujeres, qué dificultades encontraron, si recibieron algún tipo de ayuda, y de qué forma ha influido el hecho de ser mujer en todo este proceso.

De acuerdo con Perales (2012), las personas asumen la búsqueda de un contexto compatible que les permita ejercer sus habilidades y destrezas, expresar sus aptitudes y valores y, diseñar su proyecto de vida adulta. Por ello, que los alumnos y las alumnas tengan referentes de distinto sexo en todos los ámbitos es fundamental para trabajar la perspectiva de género, y que crezcan asumiendo que sus habilidades pueden ser empleadas en cualquier entorno que ellos deseen, no existiendo límites por este motivo.

5.5. Herramientas empleadas

En el apartado "ficha de la experiencia llevada a cabo" ya se exponen algunas de las herramientas utilizadas. Entre las principales, destaca el papel fundamental de las nuevas tecnologías y de Internet, por la cantidad de información a la que tenemos acceso tanto docentes como alumnado, y por la facilidad de comunicación que nos permite. Han destacado, por tanto, las siguientes herramientas:

a. *Google Classroom*: hemos utilizado un grupo de Google Classroom, en el que se creó un apartado específico para esta Situación de Aprendizaje. El enlace al grupo es: https://classroom.google.com/u/1/w/NjIzNzAyNTA2MTIx/t/all.

b. La plataforma de evaluación Additio: Se trata de un entorno digital desde donde se pueden integrar los distintos instrumentos utilizados y dar un seguimiento más preciso al trabajo que realiza el alumnado.

c. Teléfono de la docente y del IES Fidiana para contactar con las distintas empresas.

d. Perfil de *Instragram* (@fidiemprende): Se crea con el objetivo de dar promoción a las actividades que desde el Departamento de Economía se llevan a cabo relacionadas con el emprendimiento. Concretamente, surge la iniciativa de desarrollarlo para poder promocionar los resultados de la presente Situación de Aprendizaje, pretendiéndose así, poder dar a conocer la actividad de las empresarias/emprendedoras que han participado. Hemos ido haciendo una publicación para cada una de las empresas participantes, dándole las gracias por su implicación y resaltando aquello que más llegó al alumnado de su presentación durante la Semana de las Emprendedoras. A continuación, presento varios ejemplos de estas publicaciones:

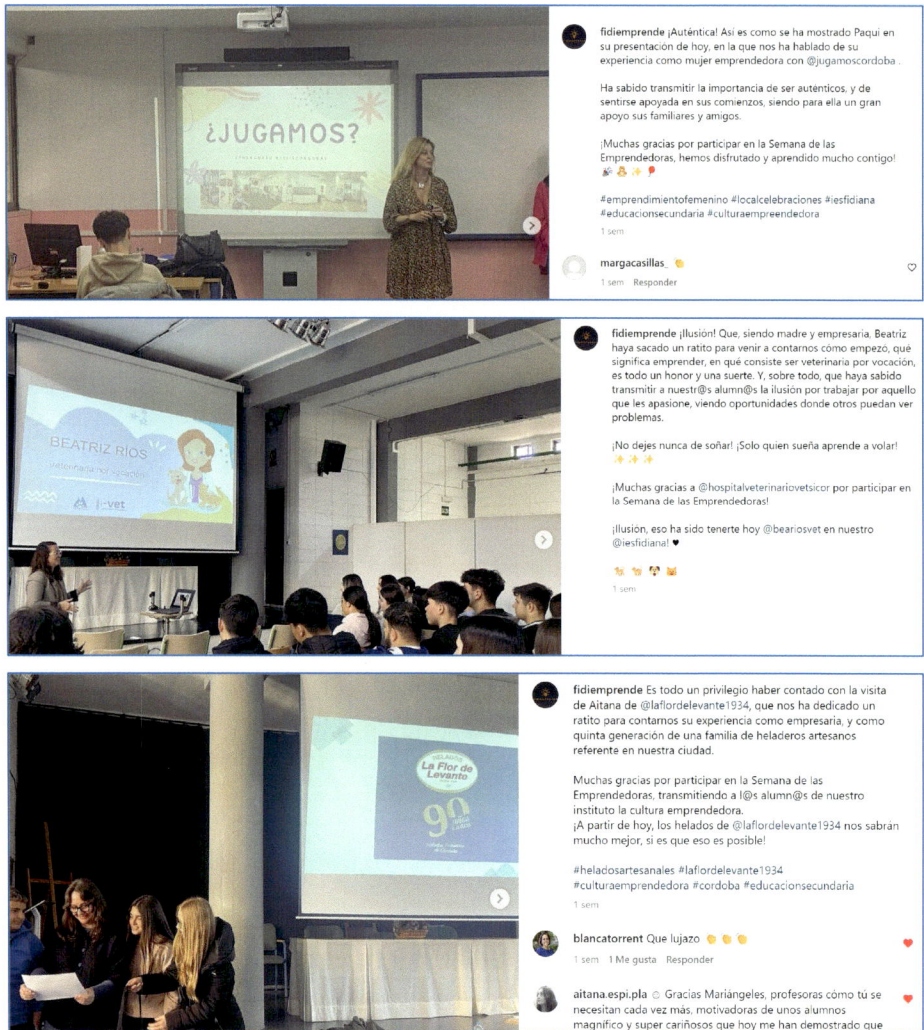

5.6. Distribución temporal de la experiencia

Tal y como se expuso al principio del documento, el proyecto comenzó el 8 de enero de 2023 y concluyó el 18 de marzo. A continuación, se expone el calendario contemplado en cuanto a las sesiones; posteriormente se detallan las fechas para cada una de las actividades realizadas.

LUNES	MARTES	MIÉRCOLES	JUEVES	VIERNES	SÁBADO	DOMINGO
ENERO						
1	2	3	4	5	6	7
8	9	10	11	12	13	14
15	16	17	18	19	20	21
22	23	24	25	26	27	28
29	30	31				
FEBRERO						
			1	2	3	4
5	6	7	8	9	10	11
12	13	14	15	16	17	18
19	20	21	22	23	24	25
26	27	28	29			
MARZO						
			1		2	3
4	5	6	7	8	9	10
11	12	13	14	15	16	17
18	19	20	21	22	23	24
25	26	27	28	29	30	31

– Plantilla inicial (8 de enero): elaboración de grupos.

– Plantilla 1 (15 enero): análisis de nuestro entorno empresarial.

– Plantilla 2 (22 enero): selección de 3 empresas.

– Plantilla 3 (1 febrero): selección de la empresaria/emprendedora, y análisis.

– Plantilla 4 (8 febrero): reunión con emprendedora/empresaria seleccionada.

– Producto final 1 (empezamos el 22 febrero): elaboración de *visual thinking* sobre el proyecto.

– Plantilla 6 (29 de febrero): diseño de cartel promocional de la Semana de las Emprendedoras.

– Exposición del Producto Final 1 (4 y 7 de marzo).

– Producto final 2: Semana de las Emprendedoras. Organización de la intervención de la empresa en la Semana de las Emprendedoras (del 11 al 15 de marzo). En el caso de no conseguir que la emprendedora venga al instituto, será el grupo el que se encargue de exponer la información sobre la empresa en cuestión e intentar contactar por videoconferencia con la empresaria.

– Plantilla 5 (14 de marzo): análisis del trabajo en grupo, DAFO del grupo y coevaluación individual.

5.7. Evaluación

De conformidad con lo dispuesto en el artículo 12 de la Orden de 30 de mayo de 2023, en cuanto al carácter y los referentes de la evaluación, la evaluación del proceso de aprendizaje del alumnado será continua, competencial, formativa, integradora, diferenciada y objetiva, según las distintas materias del currículo y será un instrumento para la mejora tanto de los procesos de enseñanza como de los procesos de aprendizaje. Se tomarán como referentes los criterios de evaluación de las diferentes materias, a través de los cuales se medirá el grado de consecución de las competencias específicas.

Igualmente, de acuerdo con lo dispuesto en el artículo 13 de la Orden de 30 de mayo de 2023, el profesorado llevará a cabo la evaluación, preferentemente, a través de la observación continuada de la evolución del proceso de aprendizaje, en relación con los criterios de evaluación y el grado de desarrollo de las competencias específicas de cada materia. Para la evaluación del alumnado se utilizarán diferentes instrumentos tales como cuestionarios, formularios, presentaciones, exposiciones orales, edición de documentos, pruebas, escalas de observación, rúbricas o portfolios, entre otros, coherentes con los criterios de evaluación y con las características específicas del alumnado. De este modo, se garantiza que la evaluación responda al principio de atención a la diversidad y a las diferencias individuales. Se fomentarán los procesos de coevaluación, evaluación entre iguales, así como la autoevaluación del alumnado.

Para elaborar esta Situación de Aprendizaje, he tenido en cuenta los saberes básicos que se enumeran en el Real Decreto 243/2022, de 5 de abril, por el que se establecen la ordenación y las enseñanzas mínimas del Bachillerato. Concretamente, he querido trabajar la autonomía personal, el liderazgo y la innovación; la exploración y la planificación; la organización y la gestión; y la evaluación de proyectos.

Estos saberes básicos se han relacionado con las competencias específicas y los criterios de evaluación correspondientes de la materia Cultura Emprendedora y Empresarial, según establece la normativa. Entre las competencias específicas, cabe destacar el hecho de conseguir que el alumnado comprenda el sentido y la relevancia que tiene la cultura emprendedora, así como que entiendan el interés de explorar y detectar las necesidades de grupo social concreto. En este caso, el grupo de las mujeres que emprenden en su ciudad. Además, se ha trabajado en el análisis de las áreas funcionales de las empresas y de la viabilidad o proyección financiera de estas.

En el siguiente cuadro se detallan los saberes básicos que se han trabajado en cada una de las actividades de la Situación de Aprendizaje 2 de la materia Cultura Emprendedora:

SEGUNDA EVALUACIÓN		
SITUACIONES DE APRENDIZAJE	ACTIVIDADES	Saberes básicos
S. A. 2: DESCUBRIENDO A LAS EMPRENDEDORAS Y EMPRESARIAS DE MI ENTORNO	Plantilla inicial: elaboración de grupos con test de cualidades emprendedoras.	CEE.1.A.1. Las personas emprendedoras. CEE.1.A.2. Proyectos emprendedores, empresariales y sociales que transformaron su entorno. CEE.1.A.3. Autonomía y autoconocimiento. CEE.1.A.4. Técnicas de búsqueda de empleo. Autoempleo y emprendimiento. CEE.1.A.5. Liderazgo personal y organizacional. CEE.1.A.6. Innovación personal, empresarial y social. CEE.1.B.1. Estudio del entorno y detección de necesidades. CEE.1.B.2. Una visión de conjunto: las fases del proyecto, objetivos y sus tareas principales. Cronogramas y otros recursos. CEE.1.B.3. Las dimensiones empresariales y sociales del proyecto. CEE.1.B.4. Análisis de los clientes o usuarios potenciales. CEE.1.B.5. Productos y servicios innovadores para crear valor. CEE.1.B.6. Técnicas de visualización del proyecto. CEE.1.D.4. Análisis del impacto en el entorno: diseño y aplicación de matrices de responsabilidad social. CEE.1.D.5. Difusión del proyecto: páginas web y redes sociales.
	Plantilla 1: análisis de nuestro entorno empresarial.	
	Plantilla 2: selección de tres empresas.	
	Plantilla 3: selección de la empresaria/ emprendedora.	
	Plantilla 4: reunión virtual con emprendedora/ empresaria.	
	Plantilla 5: análisis, dificultades, DAFO del equipo y coevaluación.	
	Entrega (producto final parte I): *visual thinking* de la emprendedora, y exposición en clase.	
	Producto final parte II: semana de las emprendedoras	
	Plantilla 6: diseño de cartel promocional de la Semana de las Emprendedoras.	

Para evaluar las diferentes plantillas que han ido trabajando los alumnos y las alumnas, así como los productos finales, se ha utilizado la observación directa y rúbricas como las que se presentan a continuación, principalmente. Además se ha empleado como herramienta la plataforma de evaluación *Additio*.

Rúbrica utilizada para plantillas

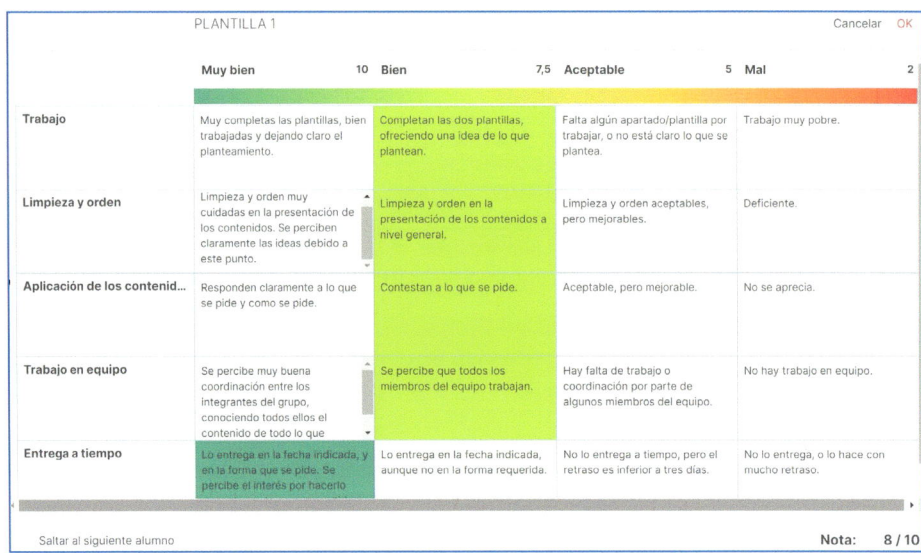

Rúbrica empleada para evaluación de cartel promocional

Rúbrica para evaluar el producto final 1

PF 1 PRESENTACIÓN				Cancelar OK
	Excelente 10	**Buen nivel** 7,5	**Aceptable** 5	**Mal** 1
Contenido ¿El contenido de la presentación ha sido adecuado a la temática y el	Se ha profundizado en los temas	Se han cubierto diferentes temas	Ideas correctas pero incompletas	Ideas simplistas
Estructura ¿La presentación estaba estructurada de forma que facilitaba la	Las diferentes secciones se han planificado para hacer una presentación global	Se ha intentando relacionar las diferentes explicaciones	Secuencia correcta pero las secciones aparecen aisladas	Mal estructurado y difícil de entender
Organización ¿El equipo ha organizado bien la jornada y la forma de exponer el	Tono de voz apropiado y lenguage preciso. Se ha hecho participar al público	Fluida. El público sigue con interés.	Clara y entendedora en general	Poco clara. Difícil de seguir
Materiales ¿Los materiales usados ayudaban y eran propicios para la presentación?	Muy interesantes y atractivos. Han sido un excelente soporte	Adecuados, han ayudado a entender conceptos	Adecuados, aunque no los han sabido aprovechar	Pocos y nada acertados
Equipo ¿Cómo ha trabajado	La presentación muestra planificación y	Todos los miembros muestran conocer la	La presentación muestra cierta	Demasiado individualista

Saltar al siguiente alumno **Nota:** 6 / 10

La nota media de las plantillas 1, 2, 3, 4 y 5 suponen el 50 % de los criterios evaluados, lo que supone el 50 % de la nota de la Situación de Aprendizaje.

La nota de la presentación del *visual thinking*, o producto final 1, evalúa el 20 % de los criterios de la Situación de Aprendizaje.

La evaluación del producto final 2, o asistencia de la empresaria/emprendedora a la Semana de las Emprendedoras, se evaluó con un 10 % de la calificación de la Situación de Aprendizaje. A los grupos que eligieron a una empresaria y trabajaron con ella para que participase en esta actividad se les valoró con 10, lo que supone un 1 punto de la nota final de la Situación de Aprendizaje. Hubo dos grupos que no consiguieron que su empresa participase en esta actividad y que, por lo tanto, no tuvieron este punto.

Por último, se ha tenido en cuenta la calificación que obtuvieron cada uno de los integrantes de los grupos de trabajo. A través de la coevaluación, se recibieron varias calificaciones de diferentes aspectos para cada discente. Así, se consideró que dos puntos de la nota de la Situación de Aprendizaje corresponderían a este aspecto. Por lo tanto, supuso un 20 % de la nota de la Situación de Aprendizaje.

6. Evidencias de las producciones generadas por el alumnado

A lo largo de los apartados anteriores se ha expuesto el trabajo del alumnado, con el objetivo de ofrecer de una forma gráfica todo lo que ha ido explicando. No obstante, en este apartado se incluyen producciones de los distintos grupos de trabajo con más detalle:

Ejemplo de plantilla 1, completada por uno de los grupos:

PLANTILLA 1: ANÁLISIS DE NUESTRO ENTORNO EMPRESARIAL

1. Análisis socioeconómico de Córdoba:

    a. Población mayor de edad y población activa de Córdoba (total, porcentaje de mujeres, y porcentaje de hombres). Es importante indicar la fecha de los datos que se aporten y la fuente de los mismos.

> La población mayor de edad en Córdoba es de 16 años de edad.
> En enero de 2022, Córdoba contaba con 319.515 habitantes, de los cuales, 153.368 eran hombres y 166.147 eran mujeres. De los cuales el 80,3% aproximadamente eran mayores de edad.
> La población activa era de 169.500 mujeres y 188.700 hombres con un porcentaje del 80,46%.
> La fuente que nos ha facilitado esta información es JUNTA DE ANDALUCÍA:
> https://www.juntadeandalucia.es/institutodeestaditicaycartografia/sima/ficha.htm?mun=14021

    b. Actividad económica de Córdoba (total de empresas, y las tres principales actividades económicas de las empresas de Córdoba, indicando a qué sector económico pertenecen –primario, secundario, terciario–). *Es importante indicar la fecha de los datos que se aporten y la fuente de los mismos.*

> El total de empresas en Córdoba en el último año fueron un total de 1137 con un porcentaje de 65 %, en Andalucía
> *Agroindustria y Agricultura:*
>   *Sector: Primario*
>   *Ejemplos de actividades económicas: Producción de cereales, oleaginosas, ganadería, viticultura, producción de alimentos procesados, etc.*
> *Turismo y Hostelería:*
>   *Sector: Servicios*
>   *Ejemplos de actividades económicas: Hoteles, restaurantes, agencias de viajes, servicios turísticos, entretenimiento, etc.*
> *Industria Automotriz y Metalmecánica:*
>   *Sector: Secundario*
>   *Ejemplos de actividades económicas: Fabricación de piezas automotrices, maquinaria agrícola, equipos industriales, metalurgia, etc.*
> https://www.eldiadecordoba.es/cordoba/registra-nuevas-empresas-primeros-meses_0_1834318089.html

    c. PIB per cápita de España y PIB per cápita de Córdoba, comparándolos y explicando la posición de nuestra ciudad con respecto a los datos nacionales.

> El PIB per cápita se refiere al ingreso promedio por persona y es una medida útil para evaluar el nivel de desarrollo económico. España tiene un PIB per cápita que engloba a todo el país, mientras que Córdoba es una ciudad dentro de España. En España en 2022 el PIB per cápita fue de 28.280 € euros y en Córdoba con un 11.790,16 €. La diferencia entre el PIB per cápita de España y Córdoba es considerable. Esto indica que en promedio, los ingresos por persona en España son más del doble que los ingresos por persona en Córdoba. Córdoba se sitúa en el puesto n23 de España.

►►

2. Realizar un análisis PEST de los factores del entorno general que afectan a las empresas de Córdoba, actualizados e indicando las fechas de los datos. Hay que indicar, al menos, 2 aspectos de cada uno de los factores.

Factores Políticos:

Políticas Gubernamentales: Evaluación de las políticas gubernamentales locales y nacionales que podrían afectar a las empresas en Córdoba, como regulaciones laborales, fiscales y comerciales.

Estabilidad Política: La estabilidad política de la región y su impacto en la confianza de los inversionistas y la planificación a largo plazo de las empresas.

Factores Económicos:

Crecimiento Económico: La tasa de crecimiento económico de Córdoba y Argentina en general, ya que esto puede influir en la demanda de productos y servicios.

Tipo de Cambio: La estabilidad o volatilidad del tipo de cambio, ya que puede afectar a las empresas que importan o exportan bienes.

Factores Sociales:

Diversidad Cultural: Considerar la diversidad cultural en Córdoba y cómo puede afectar a las estrategias de marketing y gestión de recursos humanos de las empresas.

Tendencias Demográficas: Analizar las tendencias demográficas, como cambios en la población y estructura familiar, que podrían influir en la demanda de productos y servicios.

Factores Tecnológicos:

Innovación Tecnológica: Evaluación de la adopción de nuevas tecnologías en la región y cómo las empresas pueden aprovechar o adaptarse a estos cambios.

Infraestructura Tecnológica: Analizar el estado de la infraestructura tecnológica, como la conectividad y la disponibilidad de servicios en línea, que podría afectar las operaciones empresariales.

Ejemplo de plantilla 2, completada por uno de los grupos:

PLANTILLA 2: SELECCIÓN DE 3 EMPRESAS DE NUESTRO ENTORNO

1. **Nombre** de las tres empresas:

Empresa 1: Modas Victoria's
Empresa 2: Peinado's Peluquería
Empresa 3: El hada de harina

2. **Actividad económica** de las tres empresas seleccionadas (breve descripción del problema o necesidades detectadas por estas empresas, y a las que decidieron dar respuesta emprendiendo el negocio, indicando también a qué sector de actividad económica pertenece).

Empresa 1: Porque necesitaba un sueldo digno para mantener a sus hijos. A parte le gusta la moda y vio un trabajo asequible y tiene vocación.

Pertenece al sector de servicios.

Empresa 2: Porque cuando inició el proyecto había escasez de peluquerías en la zona y era su vocación, entonces decidió abrir una.

Pertenece al sector de servicios.

Empresa 3: por la baja actividad repostera que había en Villarubia antes de la creación de su negocio el cual impulso el sector.

Pertenece al sector secundario.

3. **Datos de contacto** de las empresas (ubicación, redes sociales, …).

Empresa 1:

Modas Victoria's
C/ Platero Pedro de Bares, 40, Levante, 14007 Córdoba
Redes sociales: www.modasvictoria.com

Empresa 2:

C/ Académico Meléndez, 9, Levante, 14007 Córdoba
Redes sociales: peinados_peluqueria

Empresa 3:

C/ Nevalo, 19 n: 625 512 544
Redes sociales: https://www.facebook.com/delara.gateaux
https://www.instagram.com/elhadadeharina/
mail: elhadadeharina@gmail.com

4. Una fotografía de la empresa (basta con una foto de la fachada, o de la actividad de la empresa en la web, en la que aparezca su nombre/logo y alguno de sus productos/servicio).

Fotografía Empresa 1:

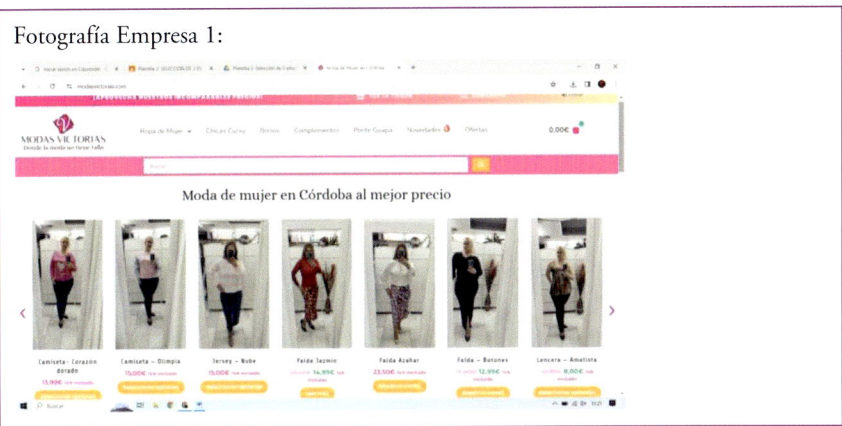

Fotografía Empresa 2:

Fotografía Empresa 3:

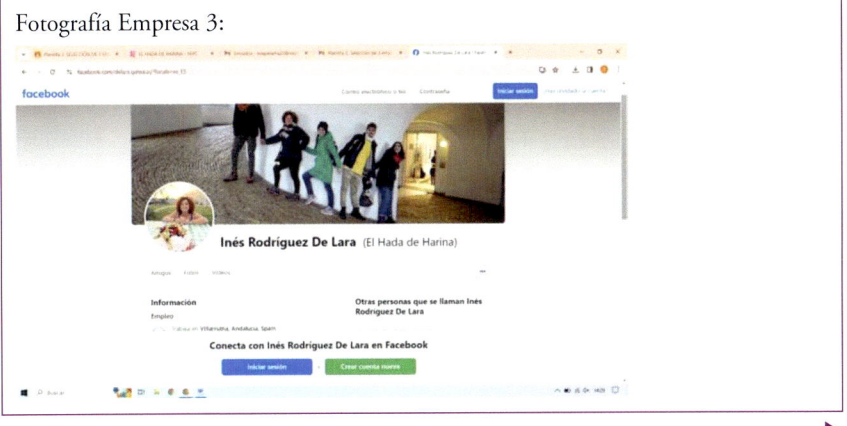

5. Justificación de la elección de las empresas, y opinión sobre la relevancia de su actividad en el entorno en el que se encuentran.

Empresa 1:
Porque nos ha llamado la atención su dedicación y su esfuerzo para iniciar su negocio

Empresa 2:
Porque nos ha llamado la atención su dedicación y esfuerzo, inicio su negocio sola.

Empresa 3:
Porque nos ha llamado la atención su dedicación y esfuerzo, inicio su negocio sola

Ejemplo de plantilla 3, completada por uno de los grupos:

PLANTILLA 3: SELECCIÓN DE EMPRESARIA/EMPRENDEDORA. JUSTIFICACIÓN Y ANÁLISIS

1. **Nombre** de seleccionada, y actividad principal:

> Nombre de la empresa seleccionada: La flor de levante
> Actividad principal: Elaboración y venta de helados, batidos

2. Definición detallada del problema al que da respuesta la empresa *(explicamos el problema o la carencia que la empresa tuvo que detectar y por la que decidió emprender su actividad)*.

> Problema/carencia detectada en su entorno, que impulsó a la empresa a iniciar su actividad:
>
> La flor de levante fue creada en 1934, por aquel entonces no había tantas heladerías como ahora así que ofreció a los habitantes un comercio diferente yendo por la ciudad con un carrito de helados y más tarde se trasladaron a un local, además de poder refrescar a los habitantes en los calurosos veranos de Córdoba.

3. Descripción de la propuesta de valor: ventaja competitiva de la empresa *(qué diferencia a la empresa de sus competidores; qué hace que sus clientes la prefieran frente a las demás)*.

> La flor de levante cuenta con helados artesanos fabricados allí mismo y de muy buena calidad, además de su antigüedad que hace que los consumidores la prefieran y toda la dedicación que le ponen a su producto

4. Análisis del entorno específico de la empresa seleccionada: realizar un análisis de las 5 fuerzas competitivas de Porter sobre la empresa seleccionada, indicando si en cada caso la fuerza es baja, media o alta.

> El análisis de las cinco fuerzas competitivas de Porter proporciona una visión integral del entorno competitivo de una empresa. Vamos a aplicar este análisis a La Flor de Levante, una heladería en Córdoba:
>
> 1. Poder de Negociación de los Proveedores (Alto):
>   - Justificación: Si los proveedores de ingredientes únicos o especializados tienen un control significativo sobre La Flor de Levante y pueden imponer aumentos de precios o condiciones desfavorables, el poder de negociación de los proveedores podría ser alto.
> 2. Poder de Negociación de los Clientes (Medio-Bajo):
>   - Justificación: En general, el poder de negociación de los clientes en la industria de heladerías tiende a ser moderado. Sin embargo, si hay muchas opciones de heladerías en Córdoba, los clientes pueden tener más opciones para elegir, ejerciendo así cierto grado de poder.

3. Amenaza de Nuevos Competidores (Baja):

- Justificación: La amenaza de nuevos competidores podría ser baja si La Flor de Levante ha establecido una sólida reputación, tiene lealtad de clientes y ha creado barreras de entrada, como recetas únicas, relaciones con proveedores, o una ubicación estratégica.

4. Amenaza de Productos Sustitutos (Media):

- Justificación: La amenaza de productos sustitutos podría ser moderada si hay otras opciones de postres o delicias en Córdoba que podrían competir con los helados de La Flor de Levante. Sin embargo, si la heladería ofrece sabores únicos y experiencias gastronómicas específicas, la amenaza podría ser más baja.

5. Intensidad Competitiva entre Rivalidades Existentes (Media-Alta):

- Justificación: La intensidad competitiva dependerá de la cantidad y fuerza de la competencia en el mercado local de heladerías. Si hay varias heladerías en la zona, la competencia podría ser alta, especialmente si ofrecen productos similares. Sin embargo, si La Flor de Levante se destaca con propuestas únicas, la intensidad podría ser más baja.

En resumen, el análisis de las cinco fuerzas de Porter sugiere que La Flor de Levante podría enfrentar un poder de negociación moderado-bajo por parte de los clientes, una baja amenaza de nuevos competidores, una amenaza de productos sustitutos moderada y una intensidad competitiva media-alta. Este análisis proporciona información valiosa para que la heladería tome decisiones estratégicas y se mantenga competitiva en su entorno específico en Córdoba.

5. Análisis DAFO de la empresa.

Debilidades: Dependencia Estacional:

Las heladerías a menudo experimentan una demanda estacional, con picos durante los meses más cálidos. La dependencia de la temporada puede ser una debilidad si los ingresos son inconsistentes durante el año.

Dependencia de Insumos:

Si La Flor de Levante depende en gran medida de proveedores específicos para ingredientes clave, la interrupción en la cadena de suministro o cambios en los precios podrían ser debilidades

Amenazas: Cambios en los Gustos y Preferencias del Consumidor:

Los cambios en las preferencias del consumidor podrían representar una amenaza si La Flor de Levante no puede adaptarse rápidamente para ofrecer sabores y productos que se alineen con las tendencias actuales.

Competencia Creciente:

La entrada de nuevas heladerías en la zona podría aumentar la competencia y reducir la participación de mercado de La Flor de Levante.

Fortalezas: Calidad y Variedad de Productos:

Si La Flor de Levante se destaca por ofrecer helados de alta calidad, frescos y una amplia variedad de sabores auténticos, esto podría ser una fortaleza que atraiga a clientes y construya una base de consumidores leales.

Ubicación Estratégica:

Si la heladería está ubicada en un lugar estratégico con alto tráfico de peatones o en una zona turística, esto podría ser una gran fortaleza, ya que facilita la atracción de clientes potenciales.

Experiencia del Cliente:

Oportunidades: Innovación en Sabores y Productos:

La introducción de nuevos sabores y productos innovadores puede ser una oportunidad para atraer a clientes que buscan experiencias únicas. Esto podría incluir colaboraciones con productores locales o la incorporación de ingredientes de temporada.

Canales de Distribución Adicionales:

Explorar la expansión de canales de distribución, como asociaciones con restaurantes, cafeterías o eventos locales, puede aumentar la visibilidad de La Flor de Levante y llegar a nuevos segmentos de clientes.

Marketing Digital y Redes Sociales:

Aprovechar las plataformas de marketing digital y redes sociales puede ser una oportunidad para aumentar la visibilidad de la heladería.

Ejemplo de plantilla 4, completada por uno de los grupos:

PLANTILLA 4: PLANTILLA 4: REUNIÓN PRESENCIAL/VIRTUAL CON EMPRESARIA/ EMPRENDEDORA. PODCAST

1. Preparación de la reunión (indicar aquí cuándo y cómo se llevará a cabo, durante la semana que tenemos para trabajar en esta plantilla. Hay que indicar quién la lleva a cabo, y quién será el encargado o la encargada de contactar con la empresa):

> Cuándo se llevará a cabo: El día 20 de febrero de 2024 a las 17:40
>
> Formato de la entrevista (presencial o virtual): Presencial
>
> Encargado/a de contactar con la empresa: Irene Petidier Muñoz.
>
> Encargado/a de entrevistar a la empresaria/emprendedora: Todos los miembros del equipo.

2. ¿Qué preguntaréis a la empresaria/emprendedora? Indicad a continuación las cuestiones que plantearéis, para dar respuesta a lo que se pide en esta plantilla.

> Pregunta 1: ¿Cuáles son los clientes de la flor de levante 1934? ¿cómo definirías tus clientes?
>
> Pregunta 2: ¿Cuáles son los clientes meta de la empresa?
>
> Pregunta 3: ¿Cuáles son los clientes reales de la empresa?
>
> Pregunta 4: ¿Qué criterios de segmentación utiliza la empresa? De qué forma divide la empresa el mercado a la hora de seleccionar a sus clientes (cuáles son sus productos/servicios principales y a quién los orienta.) Maximizar el beneficio, Crecer, Minimizar costes, Aumentar el número de clientes, Supervivencia y estabilidad, Mejorar la imagen empresarial, Satisfacción de clientes y trabajadores, Responsabilidad Social Corporativa.
>
> Pregunta 5: ¿Qué objetivos tenía la empresa en sus inicios, a corto plazo? (indicar 2 objetivos que la empresa se propuso conseguir durante el primer año de vida de la empresa, e indicar si los alcanzó)
>
> Pregunta 6: ¿Qué objetivos tiene la empresa a largo plazo? (indicar 2 objetivos que la empresa se propone conseguir en los próximos 5 años)
>
> Pregunta 7: ¿Qué dificultades encontró al principio, cuando decidió llevar a cabo su idea de negocio? ¿Influyó el hecho de ser mujer?
>
> Pregunta 8: ¿Recibió ayudas para poder emprender su negocio? ¿cuáles?
>
> Pregunta 9: ¿Qué políticas de RSC lleva a cabo la empresa? (se le preguntará a la empresa por su RSC, o por el comportamiento que lleva a cabo para tener repercusiones positivas en su entorno)
>
> *(diseño de la entrevista)*

▶

3. Teniendo en cuenta la información recogida en la entrevista, que tendrá que ser grabada para publicarla como un Podcast (por ejemplo, en Youtube), responded a las siguientes cuestiones.

a. ¿Cuál es el tamaño del mercado total del bien o servicio que ofrecen? (a esta pregunta podéis responder vosotros, a partir de la información que os de la empresa, teniendo en cuenta la población de Córdoba. Os dejo también información a continuación con la que ayudaros a contestar)

Los clientes de la flor de levante abarcan todo tipo de edades desde el niño/a que puede consumir lácteos hasta mayores de 90 años.

b. ¿Cuáles son los clientes meta de la empresa? (para responder esta pregunta debéis saber que los clientes meta son clientes potenciales agrupados en segmentos. Os dejo contenidos a continuación con los que ayudaros a contestar).

Los clientes metas de la empresa son todos aquellos a los que les gusta el helado y sepan disfrutar de sus productos.

c. ¿Cuáles son los clientes reales de la empresa? (los clientes que efectivamente compran en la empresa).

Los clientes reales son un 90% de Córdoba y un 10% de fuera (extranjeros).

d. ¿Qué criterios de segmentación utiliza la empresa? (para responder a esta pregunta, debemos preguntar a la empresa cuáles son sus productos/servicios principales y a quién los orienta. A continuación tenéis información con la que poder contestar a esta cuestión)

La empresa se segmenta según el formato por ejemplo a los mayores les gusta más el helado (cucurucho) y a los menores les gusta más los que son batidos.

e. ¿Qué objetivos tenía la empresa en sus inicios, a corto plazo? (indicar 2 objetivos que la empresa se propuso conseguir durante el primer año de vida de la empresa, e indicar si los alcanzó)

La empresa fue creada en 1934 y por ello no sabe los objetivos iníciales de la empresa, por ello con el hecho de haber sobrevivido a la guerra civil cree que eso supera sus expectativas.

f. ¿Qué objetivos tiene la empresa a largo plazo? (indicar 2 objetivos que la empresa se propone conseguir en los próximos 5 años) (Debéis distinguir aquí entre objetivos cuantitativos y objetivos cualitativos. Se pueden seleccionar varios, e indicar si orienta su actividad a alcanzarlos. Dejo información con la que ayudaros a contestar)

A largo plazo la empresa tiene como objetivo estabilizarse ya que cuesta estabilizarse actualmente por la situación actual de la economía.

g. ¿Qué dificultades encontró al principio, cuando decidió llevar a cabo su idea de negocio? ¿Influyó el hecho de ser mujer?

Como dificultades no encontró por el hecho de ser mujer ya que viene de una familia llena de empresarios/as y esto lo lleva viviendo toda su vida.

h. ¿Recibió ayudas para poder emprender su negocio? ¿cuáles?

No recibió ayudas por ninguna parte.

i. ¿Qué políticas de RSC lleva a cabo la empresa? (se le preguntará a la empresa por su RSC, o por el comportamiento que lleva a cabo para tener repercusiones positivas en su entorno. Os dejo contenidos adicionales con los que responder a esta cuestión)

Las políticas de RSC son: vasos, cucharas y tarinas reciclables además del papel de las fundas de laos barquillos y un filtro de agua para gastar lo menos posible.

j. Promoción de la empresa

Foto de la reunión con la empresa.

Formas de contacto con la empresa para los clientes (localización, contacto por email o teléfono, página web y/o redes sociales, horario, etc.).

Dirección:
Pl. de las Tendillas, 2, Centro, 14002 Córdoba
Redes sociales:

Instagram:

La Flor de Levante 1934 (@laflordelevante1934)

Para la plantilla 4, cada uno de los grupos contestó a las preguntas que se planteaban a partir de una entrevista con la empresaria, que grabarían en formato *pódcast*. En el siguiente cuadro se incluyen los enlaces a cada uno de los productos, que completaron todos los grupos, a excepción del grupo 2. El grupo 5 grabó la entrevista, pero no la colgó en ninguna plataforma. Se incluyen, además, unas imágenes de cómo se ven los distintos enlaces en su ubicación:

GRUPO	EMPRESA	ENLACE PÓDCAST
Grupo 1	**Peinado's** (peluquería)	https://youtu.be/ZKc5zec1ZfU
Grupo 2	**Cristina** Díaz (esteticista)	–
Grupo 3	¿Jugamos? (local celebraciones)	https://youtu.be/27sXWVJ97wg?si=9Qnxu87Nx4r1OD6-
Grupo 4	**Vetsicor** (hospital veterinario)	https://youtu.be/mPcz6qUOJYw?si=SGhIN4tWzX_oiQ97
Grupo 5	**Ilussion** (decoración eventos)	https://classroom.google.com/u/1/g/tg/NjIzNzAyNTA2MTIx/NjYxNjk0NDQ4MDQ5#u=MTY3OTY1ODI1OTk2Tk2&t=f
Grupo 6	**La Flor de Levante 1934** (heladería)	https://youtu.be/uZPmbtcOX_w?si=43jUrjs6tf7gCLUD

Pódcast Grupo 1

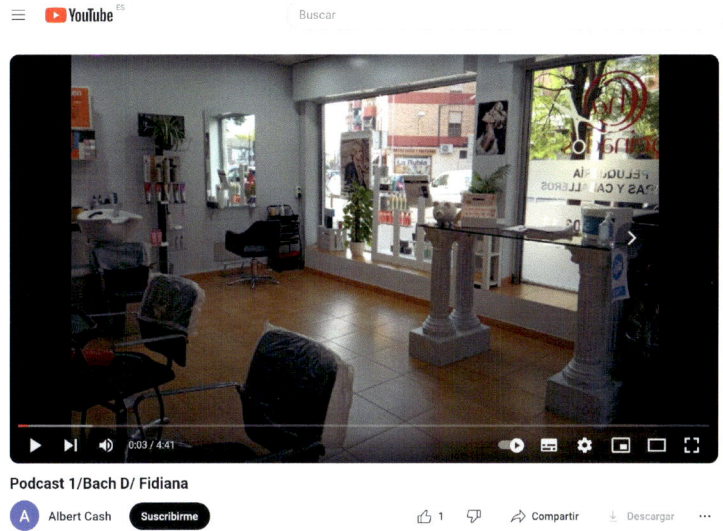

Pódcast Grupo 3

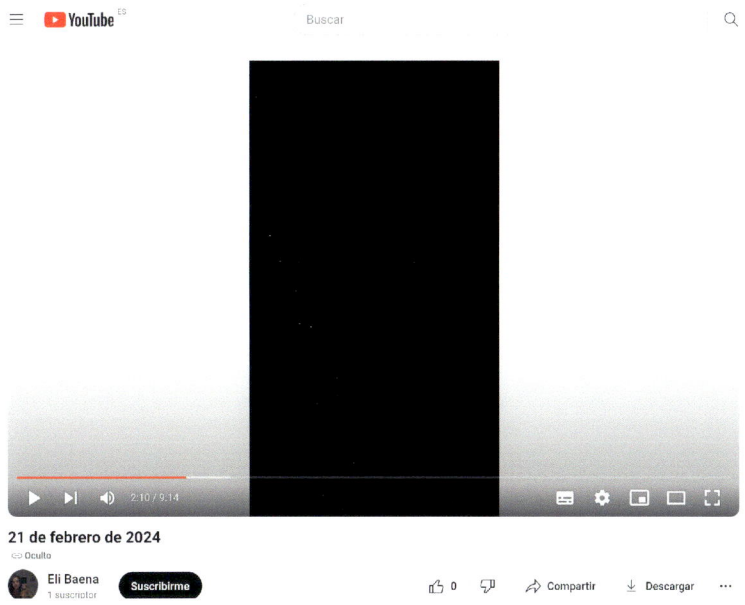

Pódcast Grupo 4

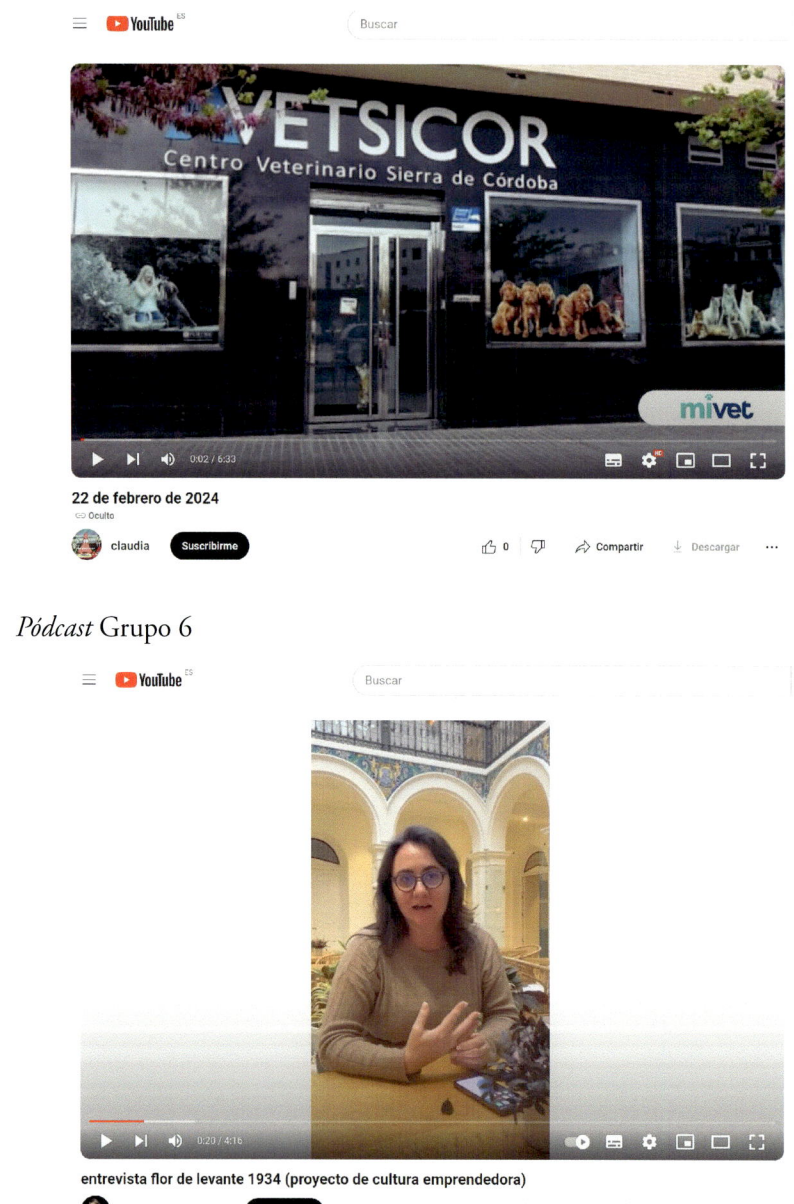

Pódcast Grupo 6

Tras las entrevistas realizadas a las empresarias, reflexionamos en el aula acerca de las apreciaciones que las empresarias hicieron sobre el hecho de ser mujer y su relación con el emprendimiento. De esta forma, se pretende detectar problemáticas de género existentes, o analizar si existe una falsa igualdad de género en nuestra sociedad.

PRODUCTO FINAL 1:
Visual Thinking y presentación en grupo

Visual Thinking Grupo 3

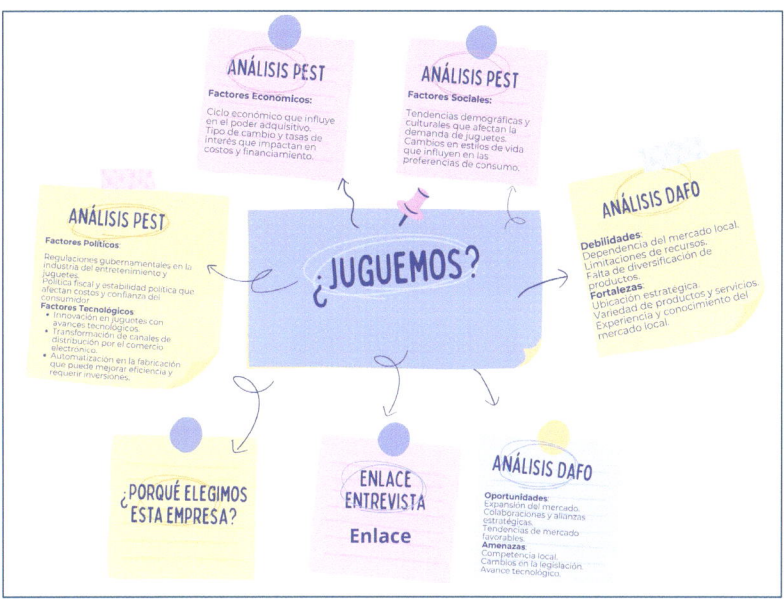

Visual Thinking Grupo 4

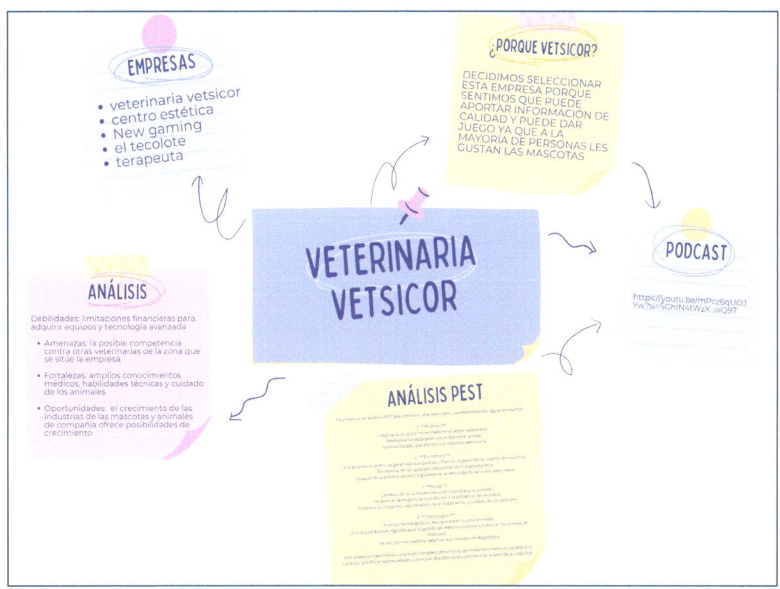

Visual Thinking Grupo 5

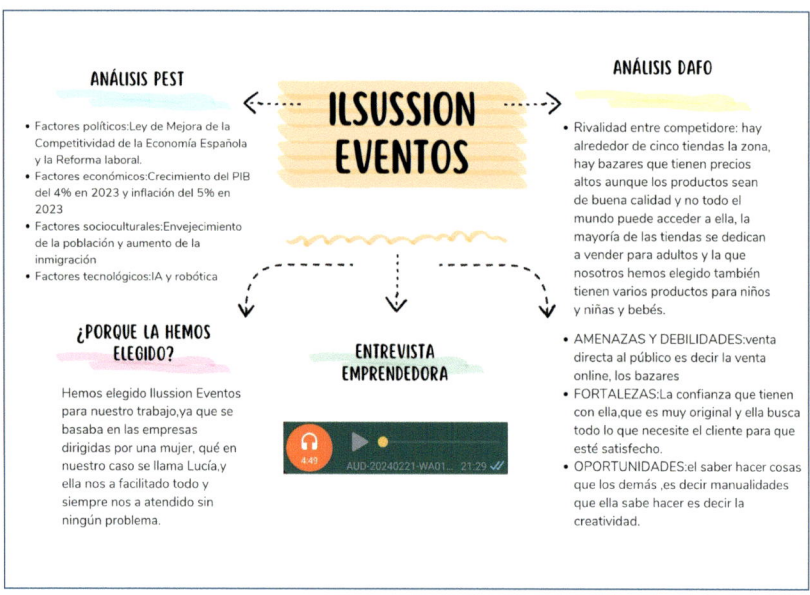

Visual Thinking Grupo 6

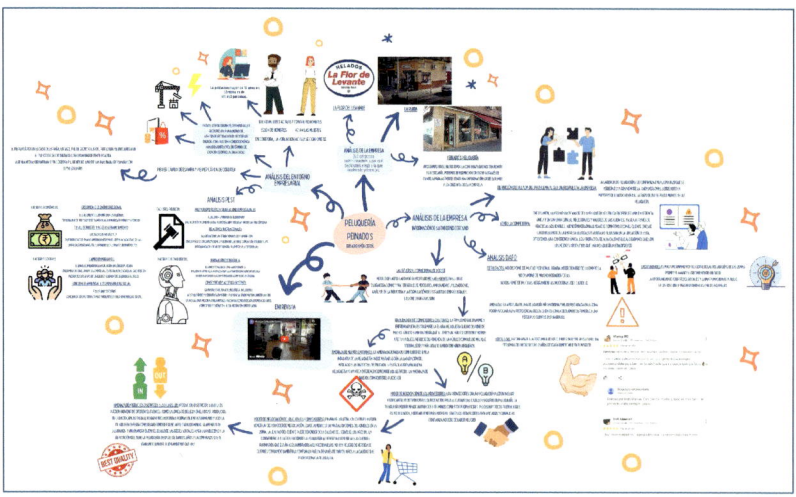

PLANTILLA 6.
Propuestas de carteles promocionales

Semana de las emprendedoras por el día de la mujer

empresa colaboradora

Del día 11 al 15 de marzo asistirán en el Instituto Fidiana estas empresas:

Empresa 1	Empresa 2	Empresa 3	Empresa 4
Vetsicor	Salón Cristina Díaz	La flor de Levante	Ilussion Eventos

Vendrán más empresas

IES FIDIANA

SEMANA DE LAS EMPRENDEDORAS POR EL DÍA DE LA MUJER

11-15 marzo

- *Vetsicor*
  - *La flor de Levante*
- *Ilussion Eventos*

Y más emprendedoras

fidiemprende   Editar perfil   Ver archivo   Herramientas de anuncios

15 publicaciones   **98** seguidores   **111** seguidos

IES Fidiana Emprende
Educación

1,3 mil cuentas alcanzadas en los últimos 30 días. **Ver insights**

   +

S.Emprended...   MBA League ...   Nuevo

---

iesfidiana   Siguiendo ∨   Enviar mensaje   +⌂   •••

541 publicaciones   **1086** seguidores   **73** seguidos

IES Fidiana
Educación
Instagram oficial del IES Fidiana (Córdoba)
Centro Bilingüe Inglés: ESO y Bachillerato
CFGM Microsist.Inf. y Redes
CFGS Asist.Dirección y CFGS Ap.Web
🔗 iesfidiana.es

ampasaturno, latrup3, _iesmedinaazahara_ y 12 más siguen esta cuenta

Enmarcados   Destacadas   FidiEmprende   ErasmusFidiana   FIDIciencia   Destacada   IGUALDAD

82

7. Evidencias de las medidas emprendidas para difundir la experiencia educativa

A partir de este proyecto, y de otras actividades que para promover la cultura emprendedora se están llevando en el IES Fidiana, se ha creado un perfil de Instagram (@fidiemprende), desde el que se promocionan todos los proyectos y trabajos que se llevan a cabo. Esta cuenta ha sido la principal forma de difusión de esta experiencia educativa. También ha sido relevante la promoción que se ha hecho desde el perfil de Instagram del propio instituto (@iesfidiana).

8. Valoración de los resultados y beneficios alcanzados

Este proyecto surge de la inquietud de la docente por promover entre el alumnado la cultura emprendedora, pero desde la actividad que se desarrolla en nuestro entorno cercano. Es decir, se trata de conocer el emprendimiento y la actividad empresarial de Córdoba, ya que en clase tendemos a poner ejemplos que, muchas veces, nos parecen lejanos (porque lo son), y que hacen que el alumnado entienda que emprender es "cosa de otros".

La docente quería que las alumnas y los alumnos fuesen conscientes de cuántos emprendedores y emprendedoras nos rodean, y de lo importante que es su iniciativa para el crecimiento económico. Además, quería que entendieran la relevancia del papel de las mujeres en este sentido, analizando su posición en cuanto al emprendimiento cordobés, y que reflexionasen acerca de las dificultades que enfrentan por el hecho de ser mujeres que inician sus proyectos en un sistema patriarcal, que influye en la configuración del panorama empresarial.

De esta manera, se le dio forma a la idea y a través de determinados contenidos, varias plantillas entregables y dos productos finales se creó esta Situación de Aprendizaje, que se ha llevado a cabo por primera vez en el curso 2023-2024 en el IES Fidiana, para la materia de Cultura Emprendedora.

La valoración ha sido bastante positiva por parte del alumnado y por parte de las empresarias que han contribuido a que esto sea posible. Los discentes destacan el enriquecimiento que supone un proyecto tan práctico, en el que han tenido que investigar, han tenido que ir a conocer la empresa y entender su funcionamiento desde la perspectiva de la empresaria y han tenido que saber plasmar todo eso en el trabajo que han hecho. Así mismo, han conocido la realidad empresarial, con todo lo que conlleva emprender, y han entendido la relevancia de las mujeres en la economía cordobesa.

Por su parte, las empresarias han valorado que se les dé visibilidad, y que se reconozca su figura. No obstante, en todos los casos han coincidido en que el hecho de ser mujer no les ha supuesto impedimentos, ni tampoco ventajas, en lo que a su actividad emprendedora supone. Sin embargo, sí reconocían que la conciliación familiar es a veces dificultosa y que influye directamente en la organización de su trabajo diario. Cabe añadir que se percibe cierta feminización en las actividades que la mayoría de las empresarias seleccionadas realizan, y en este sentido sería interesante implementar una reflexión al respecto para próximas ediciones de la Situación de Aprendizaje, en la que se analice la tendencia a la masculinización o feminización de ciertos sectores, las dificultades que puedan encontrar las mujeres para ejercer el liderazgo, o conceptos como "pared maternal", "suelo pegajoso", "techo de cristal", o "brecha salarial", entre otros.

Esta Situación de Aprendizaje se presenta como un proyecto de gran impacto que se seguirá implementando para trabajar la Cultura Emprendedora en el aula, así como para que, de forma transversal, se trabaje la perspectiva de género y pueda integrarse con otros proyectos del centro.

9. Bibliografía y webgrafía

Bibliografía

Ley Orgánica 3/2020, de 29 de diciembre, por la que se modifica la Ley Orgánica 2/2006, de 3 de mayo, de Educación.

Ley 12/2007, de 26 de noviembre, para la promoción de la igualdad de género en Andalucía.

Oliveras, E., Muñoz, M., y Sogas, P.C. (2021). La ceguera al género en los estudios de Economía y Empresa. *REDU. Revista de Docencia Universitaria, 19*(1), 93-110.

Perales, Ramón García (2012). La educación desde la perspectiva de género. *Ensayos: revista de la Facultad de Educación de Albacete*, (27), 1-18.

Sabanero, Azucena Solís (2016). La perspectiva de género en la educación. *Unidad chihuahua* (2016): 97-107.

Webgrafía

Martínez Argudo, J. (n.d.). *Econosublime*. Recuperado de www.econosublime.es.